Meine Sprache wirkt

in meinem Denken und meinem Tun!

Klaus de Jong

Autor: Klaus de Jong
Coverdesign: EDUversum Verlag, lehrer-online, Wiesbaden
ISBN: 9789403618661

Das Eisbergmodell als eine Metapher, eine Art Analogie, für bewusste und unbewusste Elemente menschlicher Kommunikationsprozesse:

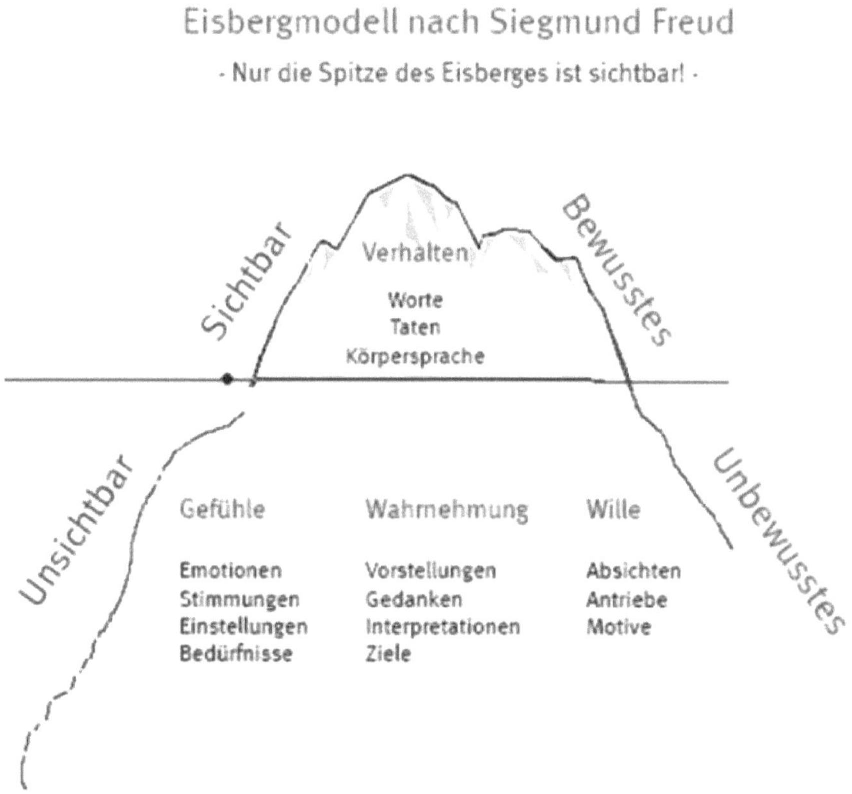

(Hesse/Schrader)

Vorwort

In diesem Buch will ich Sie dazu anregen, bewusster mit Ihrer Sprache umzugehen. Sprache ist ein hoch komplexes Geschehen. Elemente, Wechselbeziehungen und Wirkungen daraus zu kennen ermöglicht es, Gespräche bzw. Gesprächssequenzen bewusster und individuell stimmiger führen zu können. Dazu erfahren Sie im Buch sowohl Wirkungen von meist unbewussten, körpersprachlichen Signalen als auch solche von Wörtern bzw. Satzstrukturen. Anhand von Modellen lernen Sie Facetten von verbaler Sprache kennen. Damit können Sie zum einen Ihre Gespräche besser reflektieren und zum andern sich besser darauf vorbereiten.

Im Alltag beim Einkaufen, in Gesprächen mit guten Bekannten oder Freunden sowie im beruflichen Kontext setzt jeder Mensch i.d.R. eine rollenkonforme Sprache ein. Auch hat jeder Mensch ´seine´ Sprache von Kindes Beinen an von ihn damals umgebenden Bezugspersonen gelernt. Dies umfasst grundlegend sowohl die lautliche Sprachmelodie als auch die Wortwahl und den Satzbau. Bei diesem Lernen der Sprache wurden mit bestimmten Sprachelementen, seien dies einzelne Wörter, Satzteile oder ganze Sätze immer auch die damit erfahrenen Gefühle und Emotionen mit abgespeichert: Es bildeten sich Begriffe, die mit inneren Bildern und Emotionen verbunden sind.

Beobachten Sie kleine Kinder z.B. in Ihrer Familie, so können Sie sehen, dass diese nicht nur Worte nachahmen, sondern dazu passend auch das von ihnen gesehene Verhalten. Dabei beobachten sie genau die Reaktionen ihrer jeweiligen Bezugsperson. Was ihrer Wahrnehmung nach gelobt oder bestärkt wird, wird in das individuelle Verhaltensrepertoire aufgenommen. Auf diese Weise haben Sie Ihre individuelle Ausprägung auch der Körpersprache erlernt und wenden diese heute meist unbewusst täglich an.

Mit zunehmender Sprechfähigkeit und Sprachkompetenz haben Sie ´so nebenher´ Ihren Wortschatz (sprachliches Lexikon), die Art Ihres Satzbaus und allgemeine oder gruppenspezifische ´Stereotype´ übernommen: Dies sind z.B. Redensarten, bestimmte Füllwörter, den für Sie situativ passenden Gebrauch von „ich“, „wir“ und „man“ usw.: Sie haben oft unbewusst gelernt, in bestimmten Situationen eine spezifische verbale Sprache zu sprechen und dazu individuell ´passende´ Körpersignale zu senden. Im Buch finden Sie zahlreiche Beispiele und Anregungen, um Ihre Sprache bewusster gestalten zu können.

Inhaltsverzeichnis

Achte auf deine Gedanken, denn sie werden zu Worten.
Achte auf deine Worte, denn sie werden zu Handlungen.
Achte auf Handlungen, denn sie werden zu Gewohnheiten.
Achte auf deine Gewohnheiten, denn sie werden zu deinem Charakter.
Achte auf deinen Charakter, denn er wird dein Schicksal.
(aus dem Talmut)

1 Elemente von „Sprache“

Die Sprache jedes Menschen ist wie dieser selbst einmalig. Sie umfasst den gesamten Menschen in seinem verschiedenen alltäglichen privaten oder beruflichen Verhalten bzw. dem Ausgestalten jeweilig erforderlicher Rollen. In der Sprache eines Menschen drücken sich seine familiären und kulturellen Prägungen aus. Dies umfasst sowohl das Denken und Handeln als auch das Emotionale eines Menschen. In der Sprache spiegelt sich die jeweilige Persönlichkeit eines Menschen.

Die frühkindlichen Erfahrungen eines Menschen sind hinsichtlich des Bildens und Wachsens von Sprachvermögen entscheidend: Ein Säugling und Kleinkind benötigt essentiell eine intensive Zuwendung auch durch ein passendes Ansprechen. In dieser frühen Zeit wächst durch Zuwendung, Mimik und positive emotionale Ansprache im Gehirn des Säuglings bzw. Kleinkinds sowohl die Beziehungsfähigkeit als auch zunehmend ´wie von selbst´ das Sprach- und Sprechvermögen sowie ein Verstehen und Denken.

Damit sind Sprache und Denken eng miteinander verknüpft: Denken gründet auf einem wachsenden Wissen des sprachlichen Systems (mentales Lexikon (Wortschatz) und mentale Grammatik) sowie der Fähigkeit das mentale Lexikon durch das Bilden von Begriffen erweitern zu können. Dabei sind das mentale Lexikon und die mentale Grammatik in Wechselwirkung zueinander bzw. ergänzen sich.

Im sprachlichen Bereich findet Entscheidendes in den ersten drei Lebensjahren statt. Die dort gemachten Erfahrungen und unbewusst gewonnenen Erkenntnisse werden bis etwa zum sechsten Lebensjahr durch sich erweiternde Beziehungen zu anderen Menschen zunehmend vielfältiger: Eine grundlegende kulturelle Prägung und innere Haltung hat sich entwickelt. Im gleichen Maße wächst die individuelle Persönlichkeit. In der Zeit des Heranwachsens, in Schule und Ausbildung sowie im frühen Erwachsenenleben differenziert sich sowohl die Sprache als auch das Verhalten. Beides spiegelt jeweilige Erfahrungen und damit gewachsenes bzw. gelerntes, situativ sich zeigendes Rollenbewusstsein wieder.

Sprachlich hat dies Auswirkungen z.B. in Umfang und Struktur des verwendeten lexikalischen Gedächtnisses: Dies zeigt sich im Umfang und der Struktur des Wortschatzes bzw. der verfügbaren Begriffe. All dies ist ein Spiegelbild der Sprache und wirkt situativ auf den Satzbau, die Wortwahl und die Ausprägung der Stimme. Spricht jemand kongruent, dann stimmt die Sprache mit der Körpersprache in Körperhaltung, Gestik und Mimik überein.

2 Körpersprache

Schon Wartzlawik stellt in seinem ersten Axiom fest, dass Menschen nicht nicht kommunizieren können. Das bedeutet, dass es neben der verbalen auch eine nonverbale Sprache gibt, die Körpersprache. Diese findet im gegenseitigen Wahrnehmen ihren situativ personbezogenen Anfang. Begegnen sich zwei Menschen so erzeugt das jeweilige Gehirn aufgrund bisheriger Erfahrungen einen ersten Eindruck des jeweiligen Gegenübers. Hierbei bewirkt die wahrgenommene Körpersprache nach A. Mehrabian (1967) zu ca. 55 % diesen ersten Eindruck. Erst dann folgt mit ca. 38% die individuelle Stimme. Jedes Kommunikationsgeschehen beinhaltet ein Übermitteln von Informationen.
Für eine erste Einschätzung braucht z.B. mein Gegenüber vom ersten Blickkontakt an weniger als fünf Sekunden. Dies weist darauf hin, wie bedeutend die Kenntnis und Auseinandersetzung mit den Signalen sowohl der je eigenen Körpersprache als auch fürs Einschätzen und Interpretieren der Körpersignale meines Gegenübers ist. Mit dem Erkennen meiner Körpersignale lerne ich mich besser kennen. Meine Selbstwahrnehmung wird sensibler und realistischer: Ich lerne sowohl meine Stärken als auch Schwächen kennen, wodurch sich mein Selbstmanagement und Selbstbewusstsein verbessern kann. Im privaten wie auch beruflichen Alltag ermöglicht mir das Erkennen und Interpretieren der Körpersignale meines Gegenüber, mich situativ angemessener und für beide Seiten konstruktiver zu verhalten.
Ausgehend vom Blickkontakt und vielleicht einem Lächeln (Mimik) erfolgt eine Einordnung in sympathisch oder eher unsympathisch. Auch die Kleidung wirkt: Passt sie zum jeweiligen Anlass? Steht die andere Person nahe, so wirkt auch der von ihr ausgehende Geruch (Wir können jemanden riechen.). In diesem Bereich unterscheiden sich Männer von Frauen meist stark z.B. bei parfümierten Personen. Durch die meist unbewusste Körpersprache eines Menschen erfahren wir viel über dessen emotionales und geistiges Inneres (Seelenleben).
Die Art der Stimme, ihre Intonation verbunden mit der Atemweise spiegelt sowohl Merkmale einer Person als auch ihre momentane Gestimmtheit (psychoespiratorischer Effekt). Entscheidend ist auch der Grundton einer Stimme (Indifferenzlage). Die individuelle, natürliche Stimme zirku-

liert in der Sprachmelodie bis zu einer Quinte um diesen ´Grundton´. Je öfter eine Person in dieser Stimmlage spricht, um so selbstbewusster, überzeugender und authentischer wird sie wahrgenommen. Hierbei wirkt eine tiefere Stimme angenehmer.
Ein erster Eindruck ist jedoch oft sehr fehleranfällig, da hier u.a. auch unsere eigene aktuelle Gestimmtheit mit wirkt. Ebenso wirkt der sogenannte „Halo-Effekt" (E.L. Thorndike). Dieser Wahrnehmungsfehler verleitet dazu, von einer bemerkten Einzelfacette einer Person auf die gesamte Person und ihre Eigenschaften zu schließen (überstrahlender Effekt). Ebenso spielt uns unsere Wahrnehmung oft einen ´Steich´, indem wir den letzten Eindruck besonders im Gedächtnis behalten (Rezenzeffekt). Diese beiden Effekte sollten Sie sich gut merken; denn manche Personen setzen beide Effekte geschickt und bewusst ein, um z.B. Unstimmigkeiten im ´Dazwischen´ zu übertünchen.

Um einen anderen Menschen besser einschätzen und verstehen zu können, ist es hilfreich auf seine Körpersprache zu achten. Insbesondere ist die Übereinstimmung von nonverbaler und verbaler Sprache ein wichtiges Indiz für Authentizität bzw. die tatsächliche Überzeugung und damit die voraussichtliche innere Haltung eines Menschen. Wichtige Merkmale finden sich dazu in der gezeigten Mimik und Gestik.

2.1 Blickkontakt

Wenden sich kleine Kinder einer Bezugsperson zu und ist diese aktuell mit etwas anderem beschäftigt, so aggieren die Kleinkinder zunächst meist handelnd: Sie stuppsen ihre Bezugsperson an oder kloppfen z.B. an deren Bein. Sofern sie schon Laute bilden können, kombinieren sie diese oft mit dem Aufmerksamkeit heischenden Handeln. Dabei schauen Kleinkinder zum Gesicht der Bezugsperson. Sie suchen den Augenkontakt und hören erst mit dem sonstigen Handeln auf, sobald der Augenkontakt zu ihnen von der Bezugsperson hergestellt ist. Säuglinge und Kleinkinder fordern deutlich mittels ihrer Blicke zur Kommunikation auf. Erst mit erfolgtem Blickkontakt empfinden sie ihre Bereitschaft zum Dialog als erfüllt an und geben ihre Wünsche z.B. durch grundlegende Gesten und Mimik kund (z.B. Säuglinge Lächeln und Glucksen, Kleinkinder aggieren durch Ziehen an der Hand, Zeigen auf etwas, Weglaufen und mimisches Auffordern zum Folgen oft kombiniert mit individuellen, auffordernden Lauten bzw. Lautkombinationen).

Ebenso versucht ein Kleinkind z.B. durch das Beobachten der Mimik der Bezugsperson deren Stimmung, Gedanken, Intentionen oder Wünsche zu ergründen. Bei Kleinkindern deutlich zu sehen ist, dass die Augen bzw. Blicke den Körper lenken: Die Kopfbewegung folgt der Blickrichtung, was eine klare körpersprachliche Aussage bedeutet. Der Blickkontakt überbrückt die Distanz z.B. zur Bezugsperson. Die Bedeutung dieses Überbrückens wird im Verhalten beim Erkunden von Objekten in zunächst der näheren und zunehmend weiteren Umgebung des Kindes erkennbar: Ein Kleinkind und jüngeres Kind sucht bei solchen erforschenden Aktivitäten immer wieder den Blickkontakt und ggf. die ermunternde, erlaubende Mimik oder Gestik seiner Bezugsperson. Ist der Blickkontakt gegeben, so wird die Erkundung i.d.R. fortgesetzt. Auf diese Weise ´wagt´ ein Kind Erkundungen in immer weiterer Distanz zur Bezugsperson. Tritt bei einer solchen Erkundung beim Kind ein Unbehagen oder gar Angst ein, so zeigt es deutliche körperliche Signale: Der Kopf wirkt wie fixiert, nur die Augen bewegen sich. Das Kleinkind wendet sich mit dem gesamten Körper und suchendem Blick in Richtung seiner Bezugsperson. Es läuft mit ängstlicher Mimik oder gar weinend auf diese zu.
„Die Fähigkeit, das Blickverhalten anderer zu deuten, entwickelt ein Kind erst im Vorschulalter: Kinder verstehen nach Doberty (2005) erst ab drei oder vier Jahren, dass andere Personen bewusst mit den Augen kommunizieren." (N. Fuiz-Szammen u.A.) Der Blickkontakt, d.h. das Zuwenden der Aufmerksamkeit und damit das Aufnehmen des Interaktionswunsches bzw. die signalisierte Bereitschaft zur sozialen Bezugnahme sind wesentliche Voraussetzungen beim Erwerben der Sprache sowie dem „Verstehen und Deuten kommunikativer Botschaften. Das Kind lernt, das Blickverhalten seiner Bezugspersonen zu deuten und in die Interaktionsprozesse mit einzubeziehen. Es selbst lernt dabei auch, sich selbst zunehmend differenzierter über Blickkontakte auszudrücken." (N. Fuiz-Szammen, u.A.)

2.2 Mimik

„Unter Mimik werden alle Ausdrucksbewegungen des Gesichts verstanden. Dem emotionalen Gesichtsausdruck kommt besondere Bedeutung zu." (N. Fuiz-Szammer, H. Saming) Insbesondere die Mimik des Gesichts stellt einen primären Ausdruck von Emotionen dar. Mimische Ausdrücke werden situativ meist unbewusst gesteuert. In der Mimik spiegeln sich vor allem die Emotionen Freude, Interesse, Überraschung, Furcht (Angst), Trauer, Wut (Ärger, Zorn) und Ekel (Abscheu) wieder. In einer kommunikativen Situation sendet ein Mensch mit seiner Mimik etwa 19% der Gesamtinformationen. Die Mimik umfasst das gesamte Gesicht (Stirn, Augen, Nase, Wangen, Mund und Kinn) (vgl. C. Kacem). Von besonderer Bedeutung sind die Augen und der Augenbereich im Zusammenspiel mit den anderen Gesichtsregionen.

Die Signale der Mimik bzw. deren ´Ausdruck´ ist angeboren und erweitert sich durch Erfahrungen von Kindheit an bis ins junge Erwachsenenalter. In der Literatur wird zwischen zwei Arten von mimischen Ausdrücken unterschieden. Zum einen sind es unbewusst gesteuerte, spontane Gesichtsausdrücke und zum andern sind es absichtlich bewusst gesteuerte, ´aufgesetzte´ Mimiken. Letztere werden meist in bestimmten sozialen und kulturellen Kontexten gemäß dort geltender Regeln verwendet (vgl. Fuitz-Szammer i.A.). Ein Säugling sucht schon in den ersten Monaten nicht nur den Blickkontakt sondern verstärkt diesen bereits durch ein Lächeln.

Im ersten Lebensjahr differenziert sich die Mimik weiter aus. Hierbei werden die mimischen Ausdrucksformen zunehmend bewusst eingesetzt, um z.B. Aufmerksamkeit und Zuwendung zu erhalten. Mit zwei Jahren erkennen Kinder die Ausdrucksformen von Freude, Angst, Trauer, Zorn, Abscheu und Überraschung bei ihren Bezugspersonen. Sie lernen, welche Ausdrucksmittel eine Emotion repräsentieren bzw. dafür relevant sind. Damit verbunden werden auch soziale Standards und Verhaltensregeln gelernt (vgl. Fuiz-Szammer u.A.). Das Kind nimmt also erste familiär und kulturell gegebene Elemente (Konventionen) in sein Verhaltensrepertoire auf. Das Einbeziehen „nonverbaler Ausdrucksformen im Erkenntnisprozess emotionaler Bedeutsamkeiten hat einen hohen Stellenwert. Es verhilft dem Kind mit zunehmendem Alter sowohl seine eigenen sowie die selbst erfahrenen Interaktionen als auch seine Wahrnehmung von Emotionen in sozialen Gruppen, z.B. im Kindergarten oder in der Grundschule, immer besser zu verstehen und sein Verhalten passend zu regulieren.“ (nach Fuiz-Szammer)

Da von besonderer Bedeutung, werden nachfolgend Signale bzw. Merkmale der Augen und deren Umgebungsbereich sowie des Mundes genauer hinsichtlich sowohl des Signals als auch möglicher Bedeutungen betrachtet.

Unsere Augen bzw. die engeren Bereiche rund um die Augen senden spiegelgleich Signale unserer aktuellen inneren Gestimmtheit. Sie sprechen ihre eigene Sprache und sind Ausdruck unserer Seele. Feine Muskeln im Augenbereich können ein Lächeln bewirken. Sie können Freude

ausstrahlen, zustimmend oder fragend jedoch auch zweifelnd oder ablehnend wirken.
Damit wird ersichtlich, dass unserer Augenpartie, d.h. unserer Blickweise und deren Wirkung eine zentrale Bedeutung in Kommunikations- und Interaktionsprozessen zukommt: Oft entscheidet ein dem Gegenüber geschenkter offener Blick zu Beginn und bei wesentlichen Aussagen im Gespräch über den Gesprächserfolg. Wird dieser in passenden Momenten von einem Lächeln begleitet, so verstärkt dies eine gegenseitige positive Gesprächsatmosphäre. Zu vermeiden sind zu lange Blickkontakte sowie ein Anstarren. Solche ´durchbohrenden Blicke´ wirken zumindest stark neugierig, jedoch auch übergriffig, unhöflich und aggressiv.
Ein während eines Gespächs immer wieder aufgenommener, thematisch passender Blickkontakt wirkt positiv für den Gesprächsverlauf: Er stellt eine Einladung ans Gegenüber dar zum Fortsetzen des Gesprächs. Erwiedert das Gegenüber diesen, so ist das ein Signal, dass das Gespräch geschätzt und gerne weitergeführt wird.
Findet das Gespräch in und mit einer Gruppe statt, so sollten sich zu Beginn des Gesprächs alle Teilnehmenden durch einen von Person zu Person wandernden Blick gesehen und damit ins kommende Gespräch einbezogen fühlen. Im ´laufenden Gespräch´ sollte die das Gespräch leitende Person zu der jeweils sprechenden Person immer wieder Blickkontakt aufnehmen.
Beim Lächeln ist das ´Wie´ und ´Wann´ entscheidend. Zu Beginn eines Treffens kann ein kurzer Blickkontakt zusammen mit einem natürlichen Lächeln Zuwendung, Wertschätzung und Aufgeschlossenheit signalisieren. Will oder muss ich zu einer anderen Person real in Kontakt treten, so ist es sinnvoll dieser zu Beginn kurz in die Augen zu sehen um deren Mimik zu erkennen und zu interpretieren: So bleibt i.d.R. ausreichend Zeit um sich Gedanken zu machen: Was erwartet mich wahrscheinlich? Will ich überhaupt diesen Kontakt und ggf. wie schütze ich mich?
Beim echten Lachen sind fast alle Gesichtsmuskeln einbezogen. Die Mundwinkel und die Wangen sind hochgezogen. Um die Augen bilden sich Lachfältchen: Sie wirken strahlend.
Ein Lachen wirkt dann aufgesetzt, wenn nur die Mundwinkel hochgezogen sind und die Augenpartie unverändert bleibt, ggf. zusammen mit einem starren Blick.
Im Folgenden werden hinsichtlich der Signale von Augen und Mund die wichtigsten Signale kurz tabellarisch zusammengefasst:

Bei den Augen ist insbesondere der Öffnungsgrad und die Blickrichtung bedeutsam.

Signal „Öffnungsgrad"	**Mögliche mimische Bedeutung**
Augen weit aufgerissen	Entsetzen, Erschrecken, Erstaunen, Neugier
voll geöffnete Augen	Interesse, Aufmerksamkeit, Anteilnahme, Offenheit
verschleierter Blick	Geistige Abwesenheit, Gleichgültigkeit, Trägheit
Augenregion verengt bzw. verengter Blick	Genaues bzw. konzentriertes Sehen
Signal „Blickrichtung"	
Augen blicken ausweichend zur Seite	Unsicher, ängstlich, Schuldgefühl
Blick ist in die Ferne gerichtet, ... wirkt wie abwesend	Signalisiert Desinteresse, Person ist in Gedanken bzw. konzentriert sich stark
Blick ist unruhig, unsteht bzw. wandert	Nervosität oder Desinteresse
Sterotypes Dauerlächeln	Künstlich, selbstgefällig, irritierend
schwaches, kaum sichtbares Lächeln	Unsicher, ironisch, überheblich

Bewegungen des Mundes senden auch nonverbale Signale aus. Bedeutsam sind hier sowohl die Bewegungen des Mundes selbst einschließlich der Lippen, die des Unterkiefers sowie das Zusammenspiel von Mundbewegung und Augenumgebung.

Signal	**Mögliche mimische Bedeutung**
Normaler, geschlossener Mund	Neutrales Befinden
Lippen zusammen gepresst, bewusst geschlossener Mund	Unter Druck, angespannt, entschlossen
Mundwinkel leicht nach oben gezogen, ggf. Lippen leicht gepresst, verkniffener Mund	Skeptisch, ablehnend
Ein Mundwinkel nach oben gezogen	Arrogant, zynisch
Zusammengepresste Lippen und Mundwinkel nach unten gezogen	Unzufrieden, verbittert, will Distanz

Lippen stark zusammen gepresst	Zorn, Wut
Plötzliches Mundöffnen und Unterkiefer fällt nach unten	Starkes Erstaunt- oder Überraschtsein, Erschrecken
Mund geschlossen, Mundwinkel angehoben, Fältchen um die Augen	Lächeln, Belustigtsein, Lachen: Positives Gestimmtsein
Mund leicht offen, Zähne sichtbar, Mundwinkel nach oben gezogen, Augenpartie unbewegt	„Piranha-Lächeln": Mühsame Selbstbeherrschung, aggressionsbereites Lauern, abschätzendes Herausfordern
Offener Mund und hängender Unterkiefer	Konzentrationsmangel, geistige Erschöpfung

2.3 Stimmlage

Gesprochene Sprache besteht aus unterschiedlichen Schallwellen, die mittels der i.d.R. ausgestoßenen Luft über die unterschiedlich angespannten Stimmbänder im Kehlkopf erzeugt und im Mundraum moduliert werden. Durch die Menge der über die Stimmbänder ausgestoßenen Luft entstehen verschiedene Lautstärken. Die Anspannung der Stimmbänder bewirkt höhere oder tiefere Töne. Die jeweiligen Laute werden im Mundraum u.a. mittels der Lage der Zunge erzeugt. All dies ist eng mit Emotionen verknüpft. Jeder Mensch weist im entspannten Zustand ein charakteristisches, individuelles Klangbild auf (stimmklangliches Charakteristika), das u.a. alters-, geschlechts- und emotionsspezifisch variiert. Die Art und Weise wie wir etwas sagen übermittelt dem Gegenüber neben den verbal sprachlichen auch paraverbale Informationen. Dabei beträgt der verbale Anteil nur etwa 7% aller gesendeten Informationen. Paraverbale Elemente der Kommunikation sind:

- **Lautstärke:** Wird sie situativ gerade richtig oder zu laut bzw. zu leise empfunden?
- **Intonation:** Art des Betonens einzelner Wörter oder Satzteile?
- **Sprachmelodie:** Spricht eine Person monoton oder moduliert. Wie ist die Sprachmelodie?
- **Sprechtempo:** Wie spricht die Person, schnell oder langsam?
- **Stimmlage:** Welche Merkmale hat die Stimme, hoch oder tief, tragend oder zitternd? (nach J. Mai, Karrierebibel 02.2021: https://karrierebibel.de/nonverbale-kommunikation/)

An der Schallform gesprochener Sprache sind Denken, Fühlen und Wollen in situativ unterschiedlicher Gewichtung beteiligt. Dadurch übermittelt die jeweilige individuelle Stimmlage neben den Worten und deren Bedeutung zusätzliche Informationen über die sprechende Person. Diese

sozusagen im Sprechen mitschwingenden Informationen werden meistens unbewusst erzeugt (paraverbale Kommunikation). Für am Gespräch Beteiligte ergänzen sie das innere Bild über die sprechende Person zusammen mit den anderen wahrgenommenen körpersprachlichen Aspekten sowie dem situativen Kontext meist unbewusst. Das menschliche Gehirn besitzt eine besondere Sensibilität beim Wahrnehmen verbalen Sprechens (Sprechton- und Sprechstimmlage) (vgl. W. Kranich).
Insbesondere die Frequenz der jeweiligen Stimme weist auf die aktuellen emotionalen Anteile der sprechenden Person hin. Wir sprechen hier von der Art der Intonation, d.h. in der zum innerlich entspannten Grundfrequenzverlauf veränderten Intensität. So zeigen sich z.B. in der Lautstärke, der Sprechgeschwindigkeit und den Pausen zwischen den Worten bzw. nach den Satzenden aktuelle emotionale Gestimmtheiten.
Bei personspezifisch normalen Gesprächssituationen dient die sprachliche Intonation (Sprachmelodie) der inhaltlichen Übermittlung und weist bewusst gesetzte Signale der Bedeutungszumessung des Gesagten auf. Dies umfasst auch die Satzmodalität und die nach bedeutsamen Sätzen gemachten Pausen.

> **Exkurs Sprachmelodie:** Darunter ist die Kombination von Tonhöhen-, Lautheits-, Rhythmus- und Tempoveränderungen der gesprochenen Sprache zu verstehen. Die gesprochene Sprache wird dadurch im Gesamten in ihrer Struktur zusammen mit Akzenten und Pausen als eine Art ´innere Gestalt´ gekennzeichnet. Entscheidend ist die Klangfarbe, d.h. die Art der stimmlichen Obertöne (vgl. E. Stock).

Die Sprechgeschwindigkeit muss sich in einem Gespräch an die Fähigkeit zur Informationsverarbeitung jeweiliger Hörender anpassen. Nachrichten in den Medien werden etwa mit 5 bis 6 Silben pro Sekunde gesprochen. Vor allem beim schnellen Sprechen nimmt bei den Hörenden die Aufmerksamkeit und die Behaltensleistung ab. Sprechpausen erhöhen das Verständnis des zuvor Gesprochenen.

2.4 Gestik

Die Gestik ist kulturspezifisch und bedingt in Form von Interaktionsrollen. Wie bei Kleinkindern zu sehen, geht ein sprachliches Zeichenverhalten der verbalen Sprache voraus. Ein sprachliches Verstehen benötigt oft ein nichtsprachliches Zeichenverhalten. Nonverbale Gesten ebenso wie die Mimik senden eine Botschaft aus und sollen z.B. das verbal Gesagte i.d.R. verstärkend ergänzen (siehe das Kommunikationsmodell

„Sender“ und „Empfänger“). Solche Gesten ergeben nur sprachbegleitend einen Sinn (sprachbegleitende Gesten). Die Körpersignale geben dem verbal Gesprochenen eine spezifische Bedeutung. Unbewusste oder auch bewusste Intention ist es, ein besseres Verstehen des Gesagten vor allem hinsichtlich dessen Bedeutung zu ermöglichen.
Oft sind Gesten allein schon aussagekräftig genug, um eine klare Botschaft auszudrücken bzw. zu einer Handlung aufzufordern. Solcherart Gesten sind eigenständig und bedürfen keiner verbalen Sprache (eigenständige Gesten). Wir finden solche Gesten oft in spezifischen Tätigkeitsfeldern, da sie nur eines Blickkontakts bedürfen, um verstanden zu werden und wirksam zu sein (interaktives nonverbales Verhalten). Solche eigenständigen Gesten können sowohl kulturspezifisch gelernte als auch vereinbarte Kodierungen sein in Form der Zuweisung einer bestimmten Bedeutung. Hierdurch kann z.B. mit der Bewegung (Geste) eine Bedeutung (Objekt, Ereignis, Person), eine Distanz (Person, Objekt), eine Aktivität (beschreibend) bzw. ein Teil davon (immitierend) und eine Richtung bezeichnet werden.
Eine gesonderte Art von Gestik stellen erlernte Bewegungen dar, die meist unbewusst erfolgen, z.B. beim Nachdenken einen Finger an die Nase legen oder mit Daumen und Zeigefinger ans Kinn fassen bzw. eine Hand vor den Mund halten. Es sind Bewegungen, die aktuelle körperliche Bedürfnisse befriedigen, körperliche Handlungen ausführen oder helfen sollen mit eigenen Emotionen umzugehen. Auch beim Aufbau oder dem Halten eines zwischenmenschlichen Kontakts werden sie eingesetzt, z.B. ansatzweise die Hand ausstrecken oder in die Hände klatschen. Auch das Anfassen eines Gegenstandes, z.B. eines Werkzeugs, kann eine solche Geste sein.
Besonders ausdrucksstarke Signale senden die körperlichen Bewegungen bzw. Stellungen der Hände, der Finger und der Arme. Sie können nonverbale und wie oben schon benannt ggf. kodierte, sprachersetzende Signale aussenden.

Hände:

Die Hände sind nicht nur unsere wichtigsten ´Werkzeuge´, ´Schutzinstrumente´ und Erkundungsinstrumente, sie stellen auch wichtige Instrumente der zwischenmenschlichen Kommunikation und Interaktion dar. Mit verschiedensten Bewegungen der Hände in Koordination mit den Unterarmen lässt sich die Bedeutung von verbal Gesagtem verstärken oder abschwächen. Auch die jeweiligen Stellungen der Hand bzw. der Hände haben Signalwirkung z.B.:

- Bei angewinkelten Unterarmen die Handflächen nach oben, waagerecht oder nach unten haltend;
- die Hände gefaltet oder rautenartig zusammengepresst;
- die Arme gestreckt und seitlich auf und ab bewegend sowie die Handflächen nach außen sowie in Blickrichtung haltend.

Finger:

Die Finger jeder Hand sind ebenfalls Instrumente unserer Kommunikation. Die mit den Fingern gesendeten Signale sind kulturspezifisch oder können in bestimmten Tätigkeitsfeldern kodierte, d.h. vereinbarte Bedeutungen aufweisen. So bedeutet in der westeuropäisch geprägten Kulter bei sonst angewinkelten Fingern der erhobene Daumen Zustimmung oder Bestätigung, derselbe Daumen gesenkt nach unten signalisiert das Gegenteil: Ablehnung, Zurückweisung.

Der Zeigefinger hat schon in seinem Namen eine ihm zugeordnete Bedeutung: Ausgestreckt deuten wir mit ihm meistens einerseits auf etwas hin. Andererseits kann diese Geste kontextabhängig eine ganz andere Bedeutung haben: Der ausgestreckte, auf eine Person deutende Zeigefinger kann eine Drohung signalisieren. Ist der Unterarm mit der Hand erhoben und der Zeigefinger ausgestreckt, so kann dies bei sich hin und her bewegender Hand eine Warnung bedeuten.

Ihnen bekannt wird auch die Bedeutung des ausgestreckten Mittelfingens bei sonst angewinkelten Fingern sein: Ein Signal mit obszönem Inhalt wird gesendet.

Sind alle Finger z.B. bei einem Gespräch in Bewegung, so weist dies meist auf Unsicherheit, Ungeduld oder Nervosität hin: Z.B. beim Spielen mit den Fingern, dem ´Trommeln´ auf einer Unterlage, dem Bewegen eines Objektes, dem ´Kratzen´ oder ´Streichen´ im Nacken oder auf dem Kopf sowie dem ´Kneten´ eines Ohrläppchens.

2.5 Körperhaltung

Die Haltung von Kopf, Armen, Händen und Beinen sendet Signale, die z.B. auf die psychische Gestimmtheit einer Person in einer Situation schließen lassen. Treten bestimmte körperliche Haltungen öfter und in verschiedenen Situationen auf, so können diese Indizien auf mögliche innere Haltungen hinweisen.

Begegnen wir einem anderen Menschen, so achten wir neben der Gestik, Mimik und Stimme auch auf seine Körperhaltung: Seine Haltung des Kopfes, der Arme und Beine sowie auf seine Art des Sichbewegens, des Stehens und seine Sitzweise geben uns weitere Anhaltspunkte dafür, welcher Art von Person wir wahrscheinlich vor uns haben.
Steht eine Person gerade aufgerichtet, beide Beine leicht angewinkelt und beide Füße berühren leicht nach außen gestellt gleichmäßig den Boden, so signalisiert dies ´einen festen Stand´ und damit eher z.B. Selbstsicherheit, Selbstvertrauen und Verlässlichkeit. Steht eine Person nach vorne gebeugt, ggf. mit ´schlaff´ hängenden Armen, öfter die Füße bewegend, so deutet dies eher auf Unsicherheit, Unschlüssigkeit usw. hin.
Sind in der Situation überwiegend noch der Kopf oder die Blicke gesenkt bzw. zwar der Kopf erhobenem jedoch mit unstetem Blick, so versärkt sich eher der Eindruck, eine irgendwie emotional belastete Person mit wenig Selbstvertrauen usw. vor sich zu haben.
Steht eine Person zwar aufrecht, jedoch den Kopf leicht nach hinten neigend vor uns und ist ihr Blick eher fixierend bzw. starr, so kann dies auf Überheblichkeit hindeuten.
Bei der Art des Gehens kann das Setzen der Füße mögliche Hinweise geben: Unsicherheit oder Vorsicht strahlt ein bedächtiges Gehen, meist mit leicht gesenktem Kopf und ´suchendem´Blick aus.
Soll ein Gespräch gelingen, d.h. für beide Seiten zu einer gangbaren, konstruktiven Interaktion werden, dann sind Körpersignale entscheidend, die gegenseitigen Respekt ausdrücken: Meine eigene Körpersprache sollte z.B. eine offene Körperhaltung, einen regelmäßigen Blickkontakt und ein passendes Lächeln aufweisen. Mein Stimme sollte in ihrer Stimmmelodie bzw. dem Tonfall, der Gestik und Mimik Selbstvertrauen ausstrahlen, sowie zum Gegenüber und für mich stimmig und zur Situation passend sein: So kann gegenseitiges Vertrauen und ein gegenseitiges Verstehen sowie ein Gefühl von Gemeinsamkeit wachsen.

2.6 Distanzzonen

Jeder Mensch empfindet in unterschiedlichen zwischenmenschlichen Situationen bestimmte Abstände zum jeweiligen Gegenüber als angenehm. Diese Abstände sind überwiegend kulturell geprägt. Im westlichen Europa bevorzugen Menschen meist folgende Abstände:

- Fremde Umgebung, fremde Menschen: Distanz > 3,60 m.

- Bekannte Umgebung, fremde oder wenig bekannte Menschen: Distanz 1,20 bis 3,60m.
- Bekannte Umgebung, bekannte Menschen: Distanz 0,60 bis 1,20m.
- Bekannte Umgebung, sehr nahestehende Menschen: Distanz 60 cm.

(vgl. E.T. Hall)

2.7 Körpersprache deuten - Beispiele

Beispiele von Wirkungen der Körpersprache z.B. in Gesprächen werden nachfolgend nochmals verdeutlicht:

Situation	Körpersprache
„Dein Gesprächspartner ist **desinteressiert** und **hört dir nicht zu:**	Der Körper deines Gesprächspartners ist **abgewandt** und auch seine **Füße zeigen von dir weg** oder befinden sich in einer L-Form. Er **schaut dir kaum in die Augen**, sondern schaut häufig auf den Boden oder in der Gegend herum. Eventuell spielt er mit etwas, was er in den Händen hält oder spielt mit seinen Fingern. Auch können **verschränkte Arme** auf Desinteresse hindeuten.
Dein Gesprächspartner ist **interessiert** und **hört dir zu:**	Der Körper deines Gesprächspartner ist **dir zugewandt** und auch seine **Fußspitzen zeigen in deine Richtung**. **Blickkontakt** ist vorhanden und die **Körperhaltung ist entspannt**. Dein Gesprächspartner nickt eventuell ab und an zustimmend und geht auf das Gesagte ein.
Eine **Frau** spricht mit einem **Mann**, in den sie **verliebt** ist:	Sie **lacht viel** und bewegt dabei meist den **Kopf nach hinten** (damit entblößt sie ihren Hals und macht sich angreifbar – sie würde das also nur machen, wenn sie sich wohl fühlt). Sie zwirbelt eventuell ein paar Haarsträhnen zwischen den Fingern – Klischee, aber es stimmt. Es ist auch häufig so, dass **sie hin und wieder ihren Gesprächspartner am Arm oder an den Schultern berührt**. Ihre Fußspitzen zeigen – wie bei einem interessierten Gesprächspartner – in die Richtung ihres Gegenübers und ihre **Körperhaltung ist entspannt**. Es kann aber auch sein, dass ihre Körperhaltung angespannt ist und ihr Lachen manchmal etwas „zu laut“ – **Nervosität** ist hier der Grund. Außerdem ist der **Blickkontakt länger**, als die allgemeinen 3,3 Sekunden.

Situation	Körpersprache
Ein **Mann** spricht mit einer **Frau**, in die er **verliebt** ist“:	Sein Körper ist **ihr zugewandt** und er **versucht, Selbstbewusstsein auszustrahlen** – eventuell verschränkt er die Arme, um unbewusst seine Stärke zu demonstrieren, oder er steht breitbeinig. Die **Körperhaltung ist entspannt – oder vor Nervosität angespannt – und offen**. Er schaut sie an und **hält meist länger als der allgemeine Durchschnitt Blickkontakt** – also länger als 3,3 Sekunden. Seine **Fußspitzen zeigen in ihre Richtung** und auch hier kann es sein, dass er sie ab und an berührt. Außerdem: In ihrer Gegenwart **lacht er häufiger** und auch in Gruppengesprächen kann seine Körperhaltung stets ihr zugewandt sein.“

Halten Sie sich an folgende Tipps, so strahlen Sie Körpersignale der Sicherheit und Ruhe aus. Im Zitat werden Sie mit ´du´ angesprochen:

- **Körperhaltung**: „Sitze **aufrecht** und entspannt. Beuge allenfalls deinen Körper leicht nach vorn. Lege an einem Tisch deine Unterarme etwa hälftig auf die Tischplatte. Dein Körper sollte deinem Gegenüber **zugewandt** sein. Nimm eine **offene Körperhaltung** ein – vermeide das Kreuzen deiner Arme vor der Brust sowie das Übereinanderschlagen deiner Beine.“
- **Gesicht** und **Mimik**: „Schaue deinem Gesprächspartner in die **Augen**. Die optimale **Länge eines Blickkontakts** liegt bei **3,3 sek.** – alles darüber empfinden Menschen als unangenehm.“ **Lächle zu Beginn** des Gesprächs und z.B. wenn du mit einer Aussage deines Gegenüber einverstanden bist!“
- **Gestik**: „Halte deine Finger entspannt und ruhig, z.B. aneinander anliegend, leicht gebeugt, der Daumen berührt den Zeigefinger.: die Handflächen zeigen leicht nach oben. Vermeide ein Spielen mit den Fingern oder das Verschränken deiner **Finger.** Halte deine Hände auch bei Nervosität ruhig und in deinen Handbewegungen die Handflächen offen und leicht nach oben geneigt. **Offene Hände wirken sympathischer und einladender**.“
- **Körperkontakt**: **„Wende** deinen **Oberkörper** deinem **Gegenüber zu. Vermeide** im Zweifel möglichst einen **Körperkontakt. Z**war gibt es Menschen, die es sympathisch finden, wenn man sie während dem Gespräch ab und zu berührt, doch es gibt eben auch das Gegenteil“ (nach Campusjäger, Karlsruhe, 02.2021: https://www.campusjaeger.de/karriereguide/ softskills/ soziale-kompetenz#definition).

3 Kommunikationsmodelle

Es gibt verschiedenste Kommunikationsmodelle. Alle Kommunikationsmodelle gehen von einer gegebenen Bereitschaft und der geistigen sowie sprachlichen Fähigkeit zum Kommunizieren aus. Jedes einzelne Modell entwirft eine spezifische Sichtweise auf ein Kommunikationsgeschehen. Kommunikation ist ein komplexes Geschehen. Jedes Kommunikationsmodell ist, wie im Wort selbst schon benannt, ein Modell. Jedes Modell versucht das komplexe Geschehen mit als wesentlich eingeschätzten Faktoren zu erklären bzw. fassbar zu machen. Somit eröffnet jedes Kommunikationsmodell i.d.R. verschiedene Ansätze der Analyse mit Blick auf das Geschehen während bzw. innerhalb eines Kommunikationsprozesses. Die Kenntnis von Ansätzen unterschiedlicher Kommunikationsmodelle ist daher hilfreich, um sowohl eigene, selbst gestaltete oder erfahrene Kommunikationsprozesse zu reflektieren als auch anstehende angemessener vorzubereiten.

Dies ist besonders wichtig in allen Prozessen in denen Menschen zusammen arbeiten sollen, also Informationen ausgetauscht oder vermittelt werden. Mit einem gezielten, refektierten Einsatz jeweiliger Elemente von Kommunikationsmodellen lassen sich Menschen achtsamer ansprechen. Mögliche Friktionen im Verstehensprozess antizipierend, lassen sich diese z.B. bei der Planung von verbalen Aktivitäten, z.B. eines Vortrags, einer Informationssequenz oder der Erklärung einer Arbeitsweise, eher eingrenzen oder vermeiden bzw. sogar als konstruktiv weiterführende Impulse verwenden. Durch ein Entscheiden für passende didaktische oder methodische Maßnahmen vermindern sich auf diese Weise etliche vermeidbare Störungen. Letzteres ist vor allem in beruflichen zwischenmenschlichen Arbeitsfeldern z.B. Weiter- oder Ausbildungssituationen besonders bedeutsam.

3.1 Informationstheoretisches Modell

Die Grundüberlegungen dieses Modells stammen aus der Nachrichtenübermittlung. In diesem Modell gibt es verschiedene Ausprägungen, je nachdem ob eine reine Information, ein Gespräch mit gleichem Code oder verschiedenem Code bzw. ein Gespräch mit Störungen betrachtet wird. Die Grundstruktur ist das Modell „Sender“, „Medium“ und „Empfänger“.

Die Grafiken und die Hinweise bzw. Kommentare dazu verdeutlichen die jeweiligen Ansätze auch mit Blick auf die praktische Bedeutung bzw. Folgerungen und Anregungen daraus.

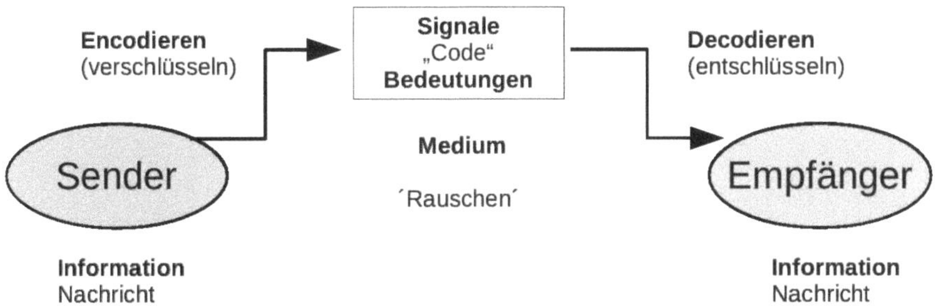

Die Grafik stellt vereinfacht die Weitergabe einer Information dar.

In jeder Kommunikation gibt es einen „Sender“. Dieser will eine Information (Nachricht) weitergeben. Ebenso gibt es einen „Empfänger“. Dieser erhält die Information (Nachricht). Das entscheidende Moment ist das „Medium“ und sein „Rauschen“. Beim „Medium“ können auch mehrere Informationsträger vorhanden sein (z.B. Bild, Film, Sprache). Mit „Rauschen“ werden Störungen im Übermittlungsprozess bezeichnet. Die drei entscheidenden Momente für ein Verstehen der übermittelten Information sind die Qualität und Art des Encodierens mit Blick auf den „Empfänger“, die Qualität des „Rauschens“ und die vorhandene Qualität des Dekodierens beim „Empfänger“. Der „Empfänger“ muss den vom „Sender“ verwendeten „Code“ entschlüsseln und verstehen können. Was bedeutet, dass der „Empfänger“ die Sprache verstehen und bei Bildübertragungen (Film, Video) auch die Körpersprache des „Senders“ richtig interpretieren können muss. Auch muss der „Empfänger“ zum Empfang der Information bereit sein (z.B. körperliche und geistige Anwesenheit, Aufnahmebereitschaft).

In der Praxis bildet das obige Modell Situationen bei Nachrichtensendungen, Vorträgen und z.B. film- oder videogestützten Informationen (z.B. youtubefilme, online-Kursen) ab. Es besteht keine Interaktion zwischen „Sender“ und „Empfänger“.

Im beruflich-zwischenmenschlichen Bereich bildet dieses Modell Situationen mit reiner Informationsweitergabe ab z.B. bei sach- und themenbezogenen Kurzvorträgen oder bei Bekanntgaben. Das Modell weist darauf hin, dass besonders auf das „Encodieren“ und das Phänomen des „Rauschens“ zu achten ist: Dies betrifft unmittelbar die Wortwahl, den Satzbau und die Pausen nach wichtigen Aussagen. Um z.B. den Rauscheffekt zu vermindern, sollten wichtige Aussagen besonders betont, ggf. in bildhafter Sprachwahl oder mit passender Intonation ein zweites Mal vorgetragen werden.

Das nachfolgende Modell erweitert das Bisherige, indem es den Aspekt der Interaktion zwischen „Sender“ und „Empfänger“ aufnimmt.

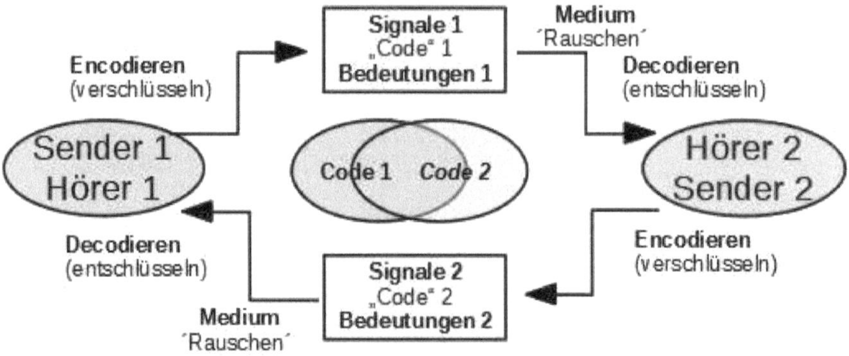

Dieses Modell zeigt, dass allein durch die Möglichkeit der sprachlichen Interaktion die Komplexität der Kommunikation stark zunimmt: Es gibt nicht nur unterschiedliche Signale mit zugehörigen Bedeutungen, sondern auch die Erfordernis, dass beide sowohl Encodieren als auch Dekodieren können müssen. Auch besteht ein zweimaliges „Rauschen“, was die Störanfälligkeit erhöht. Damit tritt vermehrt ein wahrscheinliches Nichtverstehen oder Missverstehen häufiger auf.
Es gibt ein ´Sprichwort´: „Der/die Andere spricht eine ganz andere Sprache“!?, obwohl beide Personen z.B. Deutsch als Muttersprache haben.
Nehmen wir eine Person aus Süddeutschland und die andere Person von der schleswig-holsteinischen Nord- oder Ostseeküste. Beide reden Deutsch in ihrer regionalen Sprachform (Dialekt) und Intonation. Sie verstehen sich trotz bestem Bemühen und hoher Sprachkompetenz nicht oder nur unvollständig: Sie verwenden einen jeweils verschiedenen Code, den das Gegenüber nicht oder nur unvollständig versteht. Beispiel:

„Maak, wat du wullt, de Lüd snackt doch (= Was immer du tust, die Leute reden doch darüber/kritisieren.)“ (E. Eichler / J. Panikau)

Selbst wenn beide ´Hochdeutsch´ sprechen würden, wären sowohl die Intonation als auch etliche Wörter und Wortbedeutungen verschieden: Es gäbe Verständnisschwierigkeiten.
Was wäre wenn eine Person oder gar beide zwar ´Deutsch´ sprächen, jedoch mit eingeschränkter Sprachfähigkeit (z.B. unvollständige Sätze, ausgelassenen Wörtern, nuschelnd oder Silben weglassend, disgrammatikalischer Satzbau oder „SMS-Deutsch“)? Wie ist das erst, wenn beide

verschiedene Muttersprachen sprechen oder eine Person auch seine Muttersprache nur eingeschränkt sprechen kann und beide erst Deutsch lernen? Hier wird ersichtlich, wie sehr die Sprachkompetenz und das „Rauschen“ Einfluss auf die jeweilige Kommunikation bzw. Interaktion haben wird.
Letztere Phänomene sind in beruflich-beziehungsgepägten Arbeitsfeldern häufig anzutreffen. Besonders betroffen davon sind z.B. Sprachfördermaßnahmen, in denen Deutsch als Zweitsprache erworben werden soll. Zentral ist hier der bild- und bewegungsgestützte Aufbau eines Grundwortschatzes, eine eindeutige Körpersprache sowie eine verbale Kommunikation in „verständlicher Sprache“. „Verständliche Sprache“ bedeutet u.a.: Nur wichtige Fachbegriffe werden verwendet. Der Satzbau ist einfach, korrekt (vollständig) und weist eine grammatikalisch grundlegende Struktur auf: Das bedeutet ein Sprechen in vorwiegend Hauptsätzen. Weiterhin gelten die Hinweise, die bei Modell 1 (oben) gemacht wurden.

Sollen obige Modelle reflektierend auf eine reale Situation z.B. in ausbildenden Bereichen auf sprachbezogene Lern- oder Arbeitsprozesse übertragen werden, so kann die Aussage von Konrad Lorenz für die konkrete Umsetzung sowohl Kriterien als auch Anregungen bieten:

"Gesagt heißt nicht immer gesagt,
gesagt heißt nicht immer gehört,
gehört heißt nicht immer verstanden,
verstanden heißt nicht immer einverstanden,
einverstanden heißt nicht immer angewendet,
angewendet heißt nicht immer beibehalten."

3.2 Watzlawiks Kommunikationsmodell

In Kommunikation und Interaktion zwischen Menschen wirkt deren jeweilige Wahrnehmung, ihre gemachten und gespeicherten Erfahrungen (jeweils individuell wahrgenommene Wirklichkeit als individuelle Konstruktion des Gehirns) sowie die aktuelle, kontextbezogene Gestimmtheit. Watzlawiks u.a. Kommunikationsmodell baut auf dem informationstheoretischen Modell auf und erweitert es durch den Beziehungsaspekt.
Watzlawik u.a. formulierten fünf Axiome, die sie als „plausible Vorannahmen“ bezeichneten:

1. Axiom: „Man kann nicht nicht kommunizieren."

2. Axiom: „Jede Kommunikation hat einen Inhalts- und einen Beziehungsaspekt, sodass letzterer den ersteren bestimmt und daher eine Metakommunikation ist."

3. Axiom: „Die Natur einer Beziehung ist durch die Interpunktion der Kommunikationsabläufe seitens der Partner bedingt."

4. Axiom: „Menschliche Kommunikation bedient sich digitaler (verbaler) und analoger (non-verbaler, nicht sprachlicher) Modalitäten (Ausdrucksmittel). Digitale Kommunikationen haben eine komplexe und vielseitige logische Syntax aber eine auf dem Gebiet der Beziehungen unzulängliche logische Semantik (Bedeutungslehre).

   Analoge Kommunikationen hingegen besitzen dieses semantische Potential, ermangeln aber die für eindeutige Kommunikation erforderliche logische Syntax."

5. Axiom: „Zwischenmenschliche Kommunikationsabläufe sind entweder symmetrisch (gleichwertig) oder komplementär (ergänzend), je nachdem ob die Beziehung zwischen den Partnern auf Gleichheit oder Unterschiedlichkeit beruht."

Zu Axiom 1

Menschen sind grundlegend Gemeinschaftswesen. In jeder Gemeinschaft nimmt jedes Mitglied andere Mitglieder mal mehr, mal weniger wahr. Das bedeutet, dass immer wieder Interaktionen stattfinden. Diese Interaktionen können konkret handelnd und/oder verbal sein. Die Mitglieder machen sich dabei bewusst oder unbewusst Gedanken über einander und entwickeln Vorstellungen über das jeweilige Gegenüber. Dies geschieht obwohl z.B. ein Mitglied Gesprächsangebote ablehnt oder sich in Interaktionen ausklinkt: Es findet immer Kommunikation statt.
Dieses Axiom hat z.B. in privaten oder beruflichen Bereichen mit vielen menschlichen Kontakten spezifische Bedeutungen: Jede dort handelnde Person wirkt bewusst oder unbewusst mit all ihren sprachlichen Facetten auf die Personen in ihrer unmittelbaren Umgebung ein und umgekehrt ebenso. Der entscheidende Unterschied ist, dass z.B. die professionell handelnde pädagogische Fachperson aufgrund ihrer langjährigen Ausbildung in der Lage ist bzw. sein sollte geistig auf die passende Metaebene zu gehen: Sie geht dabei ins ´Gespräch´ bzw. eine ´Konferenz´ mit sich selbst (siehe Inneres Team) und entscheidet dann selbst, ob sie eine

weitere reale Person hinzuziehen sollte (z.B. kollegiale Beratung, Supervision).

Zu Axiom 2

In jeder Ihrer Interaktionen, seien diese verbaler und/oder handelnder Art treten Sie in Beziehung zu Mitmenschen, die dieses Tun wahrnehmen. Sprechen Sie z.B. zu einem bestimmten Thema zu einer anderen Person oder zu mehreren, so geben Sie z.B. durch Ihre Intonation bzw. Ausdrucksweise sowie Ihre Wortwahl Informationen über sich selbst preis. Da Sie ein gemeinschaftsgeleitetes Wesen sind, ist Ihre Kommunikation immer beziehungsgeleitet. So empfinden Sie z.B. eine Person sympathischer als eine andere. Dies umfasst auch, dass Sie in der Lage sind mitzufühlen, was in einem anderen Menschen vorgeht bzw. wie er sich wahrscheinlich fühlt.
In kontaktintensiven Bereichen ist dieses Axiom vor allem bei Erziehungs- und Vermittlungsprozessen z.B. im KiGa-Bereich, in der Schule und beruflichen Ausbildung bedeutsam. Jeder Mensch entwickelt Vorlieben auch in fachlicher Sicht. Diese Vorlieben oder Präferenzen wirken auf die Motivation (z.B. Aufmerksamkeit, Konzentration, Aufgeschlossenheit, Einsatz- und Arbeitsbereitschaft, Ausdauer), was sich nachhaltig auf das jeweilige Arbeiten und Lernen auswirkt z.B. den Einsatz von Lernstrategien sowie die Gedächtnisfähigkeit (Arbeits-, Kurzzeit- und Langzeitgedächtnis).
Nehmen z.B. Sie in Ihrem Tätigkeitsfeld bei Jungendlichen oder jungen Erwachsenen Indizien aus dem Phänomenkreis der Lern- oder Schul- oder Arbeitsverweigerung wahr, sollten Sie rasch in einem persönlichen, einfühlsamen Gespräch mit der/dem Heranwachsenden auf eine verständliche Metaebene gehen. Je frühzeitiger dies geschieht, desto eher lässt sich der aufkommende und sich selbstverstärkende Konflikt eindämmen bzw. beheben. Dies stellt auch eine große Chance für beide dar, vor allem für den/die Heranwachsende; denn es gilt oft im Leben in ´unangenehmen´ Beziehungen konstruktiv zu bestehen: Nur wenn sich ein Mensch situativ passend selbst verändert, besteht die Chance einer Änderung im jeweiligen menschlichen Umfeld.

Zu Axiom 3

Dieses Axiom weist darauf hin, dass Sie in einer von Ihnen, in und von Ihrem Gehirn (selbstreferentielles, autopoietisches System) konstruierten Wirklichkeit leben (siehe Konstruktivismus). „Diese subjektive Wirklichkeit halten wir für objektiv. Sie bestimmt unser Denken und

Handeln. Nach Watzlawik legen wir bei Ereignisfolgen oft im besten Glauben willkürlich auf bestimmte Ereignisse besonderen Wert (Interpunktion von Ereignisfolgen). Diese besonderen Ereignisse betrachten wir gewissermaßen als Ursache: Sie sind dann Anlass für weitere, folgende Ereignisse" (nach E. Eichler / J. Panikau). Geradezu klassisch, jedoch nicht minder fatal ist in menschlichen Beziehungen, dass nach einem Ereignis die Suche nach einem oder einer oft ´vermeintlichen´ Schuldigen erfolgt: Auf diese Person wird dann z.B. alles Negative, Unschöne, Misslungene projeziert (typische Sündenbockkonstruktion).

In privaten und beruflichen Bereichen, seien dies Kindergärten, Horte oder Schulen treten immer wieder Situationen auf, in denen z.B. zwei Personen aneinander geraten sind und danach jede die Schuld der anderen zuschiebt: „Du hast bzw. die ... /der... hat angefangen!" Meist haben beide beteiligte Personen ihren Anteil am Streit. Eine eindeutige Schuldzuweisung ist i.d.R. nicht möglich. Hat eine z.B. aufsichtführende pädagogische Fachperson das jeweilige Geschehen nicht von Anfang an gesehen, so führte eine intensivere Nachforschung meist ins Leere. Zielführend ist daher eine Entscheidung des „Aussteigens" aus diesem Dilemma: Dies kann z.B. ein klares und deutliches Gespräch mit den Beteiligten sein, in dem das abgelaufene gemeinsame ´Spiel´ thematisiert wird.

Schulz von Thun gibt ein Beispiel für ein Element in einem solchen Gespräch: „So und so treiben wir es also miteinander. Jeder reagiert auf den anderen und beeinflusst ihn dann wieder. Was können wir tun, wie können wir uns ändern, damit das Zusammenleben in Zukunft für alle befriedigend wird?" (Schulz von Thun)

Im Gespräch sollten z.B. beide streitenden Personen nachdrücklich auf die vereinbarten bzw. gültigen Verhaltensregeln hingewiesen werden. Danach ist es sinnvoll, die Beteiligten zu klaren Vereinbarungen zu verpflichten (Verhaltensvertrag). Ergänzt kann dies z.B. durch eine wiedergutmachende gemeinsame soziale Aktivität werden.

Zu Axiom 4

Dieses Axiom weist deutlich auf die einzelnen Elemente von Sprache hin: Verbale Sprache und deren Intonation, Körpersprache, Körperhaltung, Gestik und Mimik sowie deren Zusammenwirken. In diesem Zusammenwirken liegen zentrale Elemente jeweiliger Informationen. Erst die analogen Anteile der Sprache, z.B. der Körpersprache, ermöglichen ein besseres Interpretieren z.B. der verbalen Aussagen. I.d.R. ergänzen sich verbale Aussagen und Körpersprache. Informationen werden dadurch z.B. in

ihrer Bedeutung erst verständlich. Signale des Vorsichtigseins bzw. der Warnung oder der Drohung erhalten wir, wenn beim Gegenüber verbale Aussagen und Körpersprache differieren.
Für ein stimmiges, förderliches Handeln bedeutet dies: Je jünger Kinder bzw. Heranwachsende sind, um so stärker sind sie auf eine eindeutige Sprache angewiesen; denn nur diese ermöglicht ihnen eine Orientierung. Sie beobachten genau ihre sprechende und agierende Bezugsperson und entwickeln durch die Art der gesendeten Botschaften ihre Identität bzw. ihr Selbstkonzept: Die weitgehende Kongruenz der von ihrer Bezugsperson gesendeten Signale und Informationen trägt maßgeblich zur Entwicklung der Persönlichkeit bei. Die verlässliche und grundlegend positiv zugewandte Haltung eines kundigen Erwachsenen, z.B. der pädagogischen Fachkraft, setzt prägende Eindrücke und ermöglicht erst das Wachsen einer zwar individuell ausgeformten jedoch sich festigenden eigenen Haltung bei den Kindern bzw. Heranwachsenden. Selbst später im Erwachsenenalter z.B. mit Blick auf die Leitung einer Organisation ist die Qualität der Arbeitsatmosphäre deutlich abhängig von der grundsätzlichen Haltung der führenden Person: Diese wirkt sich zumindest mittelfristig auf die Haltungen der Mehrzahl der Mitarbeitenden aus.

Zu Axiom 5

Das Axiom fünf hebt die Art der Kommunikation hervor: Ist sie symmetrisch bzw. gleichwertig oder komplementär bzw. ungleich?
Kommunikationsprozesse und soziale Interaktionsprozesse sollten, so irgend möglich, symmetrisch z.B. von menschlich gegenseitiger Achtung bzw. gegenseitigem Respekt geprägt sein: Dies wirkt sich maßgeblich auf die jeweilige Qualität einer soziale Beziehung aus und gilt unabhängig von einer situativ jeweilig gegebenen Abhängigkeit, z.B. einer sozialen oder institutionellen Hierarchie. Letzteres ist rollenspezifisch und kann je nach gegebener Situation wechseln. Auch ist es in vielen Situationen angebracht bzw. erforderlich, sich gegenseitig zu helfen oder zusammenzuarbeiten: Hier kann u.a.. das Spezialwissen einer Fachkraft dazu führen, dass diese in bestimmten Situationen real die Leitung übernimmt z.B. in einem Teil eines Projekts: Die Teamchefin wird dann zu einer „normalen“ Mitarbeiterin.
Würde aus Axiom fünf aus welchen Gründen auch immer ein Dogma gemacht, d.h. nur Symmetrie zählt bzw. Komplementarität ist schlecht, so ergäben sich daraus jeweils fatale, gefährliche Verzerrungen im Bezie-

hungsgeschehen: Es führte zu einem verzerrten Selbst- bzw. Fremdbild mit der Folge von für alle Beteiligten fatal gestörten Beziehungen.
Im zwischenmenschlichen Bereich treten Erkenntnisse aus dem Axiom fünf immer wieder auf. Dies betrifft z.B. die Beziehungen von Leitung und Mitarbeitenden z.B. im Berufsfeld Kindergarten oder Schule: Fachpersonen dort sind vielfach Experten auf bestimmten, beruflich relevanten Fachgebieten. Auch können Beziehungen von älteren Heranwachsenden bzw. jungen Erwachsenen und Lehrpersonen davon betroffen sein: Eine Lehrkraft weiß vieles, jedoch nie alles und in bestimmten Fachgebieten können einzelne Heranwachsende oder junge Erwachsene deutlich mehr (fachpraktisches) Spezialwissen aufweisen, z.B. durch aus großem fachlichen Interesse autodidaktisch erworbenem fachlichem Wissen bzw. dadurch gewachsenen Erfahrungen.
Die Fähigkeit situativ passend die Expertise bzw. das Spezialwissen oder besondere Fähigkeiten einer sonst institutionell oder hierarchisch untergeordneten Person zu sehen, zu würdigen und einzubeziehen ist ein deutliches Signal an alle Beteiligten und stärkt das Selbstwertgefühl der sonst untergeordneten Person. Zugleich stärkt ein solches Handeln die zwischenmenschliche Wertschätzung und damit auch diejenige der Person in Leitungsfunktion (konstruktive Teamführung).

3.3 Kommunikationsmodell von Schulz von Thun

Dieses Modell bringt neue Gesichtspunkte in die Betrachtung von Kommunikationsprozessen ein: Die vier Seiten von Informationen ("4-Ohren-Modell" oder das „Nachrichtenquadrat" (nach Schulz von Thun).

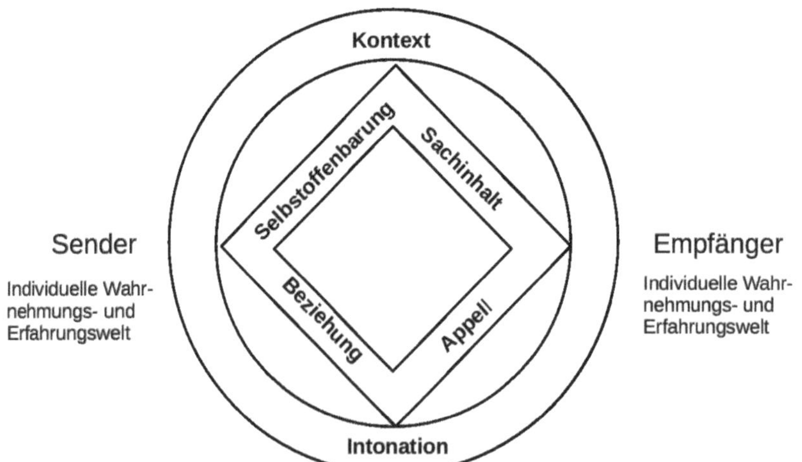

Das Modell erweitert den Ansatz von Watzlawik, indem es Facetten des Beziehungsaspekts aufzeigt, die zusammen mit der Sprache meist unbewusst transportiert werden.

- Der **„Sachinhalt“** meint eine reine Sachinformation: Es geht allein um eine Sache. Die Intonation gestaltet sich normal, z.B. „Das Fahrrad ist technisch in Ordnung.“ „Diese Wand kann jetzt verputzt werden.“
- Die **„Selbstoffenbarung“** beinhaltet meist unbewusste Informationen über die sprechende Person. Indizien bzw. Signale individueller Einstellungen und Haltungen werden in der Art der Sprache mit transportiert: Wie echt präsentiert sich die sprechende Person? Dies kann sich z.B. in einer (teilweisen) Inkongruenz von Sprache und Mimik zeigen, oder im Eindruck, dass eine Person ´schauspielert´ bzw. verschiedene „Fassaden“ zeigt. Schulz von Thun sagt, wer „ein Leben hinter Fassaden“ führt kann „zwar die Selbstoffenbarungsangst eindämmen“, schädigt jedoch sich selbst: Die seelische Gesundheit leidet stark. Mit einer Person hinter einer innerlichen „Fassade“ ist ein zwischenmenschliches Verstehen stark beeintächtigt: Ihr droht Vereinsamung trotz Kontaktmöglichkeiten.
- Der **„Appell“** tritt oft in verschiedensten alltäglichen und beruflichen Situationen auf. Mit einem „Appell“ will ich, dass eine andere Person etwas tut (Aufforderung) oder lässt. Ein „Appell“ ist eine bewusste Sprachhandlung. Er kann sich in einer bestimmten Intonation oder einem spezifischen Satzbau zeigen, z.B. „Leg die Gabel auf den Tisch!“ „Sprich lauter!“ „**Achtung**, die Ampel ist auf **rot** gesprungen!“ „Die **Ampel** ist **rot**!“
- Die **„Beziehung“** bzw. der „Beziehungsaspekt“ beinhaltet meine Sichtweise oder meinen Eindruck bzw. meine Einschätzung einer anderen Person: Wie stehe ich zu dieser Person bzw. wie waren die bisherigen Erfahrungen mit ihr? Hier kommen auch emotionale Faktoren zum Tragen: Ich tue z.B. etwas, weil ich die andere Person schätze (Emotion) und oft nicht, weil es vernünftig ist (Verstand, Ratio). Es ist auch wahrscheinlich, dass ich etwas Vernünftiges lasse, nur weil ich eine andere Person ablehne.

  In der Art und Weise der jeweiligen Sprache der eine Information sendenden Person wirkt diese Information in spezifisch individueller Weise bei der empfangenden Person. Eine Information wird durch die ´mitschwingenden´ Facetten bei der empfangenden Person je unterschiedlich wahrgenommen und interpretiert. Diese ´Facetten´ entfalten in einem situativen Kontext ihre Wirkung z.B. durch eine spezifische Intonation. So kann eine Information einmal als rein sachlich (Inhaltsaspekt) und ein andermal als „Selbstoffenbarung“ oder „Appell“ wahrgenommen werden. Dieses je Wahrgenommene wirkt sich bei der die Information empfangenden Person auf die Art der Beziehung zur sendenden Person aus.

Mit Blick auf die Person, die eine Information empfängt, hat Schulz von Thun das 4-Ohren-Modell entworfen:

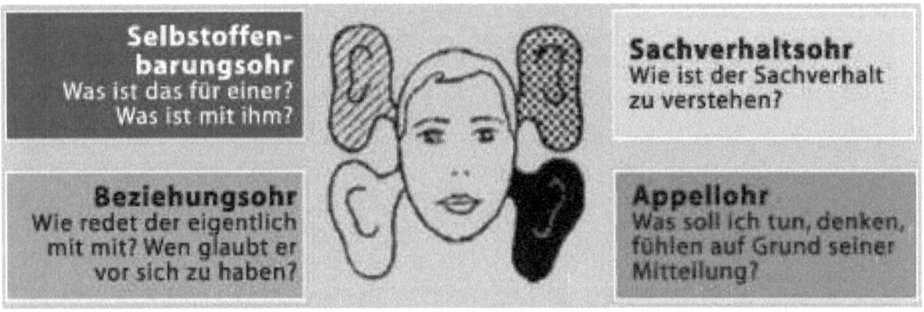

(Schulz von Thun)

Grundsätzlich hat jeder Mensch selbst die Auswahl und Entscheidung, in welchem Kontext er welche Seite einer Information bzw. Nachricht empfängt bzw. heraushört Zugleich weist i.d.R. jeder Mensch ein „Ohr“ auf, auf dem er besonders häufig oder gerne „hört“: Er hat eine erfahrungsgesteuerte, individuelle Präferenz.
Bei Schulz von Thun liest sich dies so: "Je nachdem, auf welcher Seite er (der Empfänger - KS) besonders hört, ist seine Empfangstätigkeit eine andere: Den Sachinhalt sucht er zu verstehen. Sobald er die Nachricht auf die Selbstoffenbarungsseite hin "abklopft", ist er personaldiagnostisch tätig: "Was ist das für eine(r)?" bzw. "Was ist im Augenblick los mit ihr/ihm?". Durch die Beziehungsseite ist der Empfänger persönlich besonders betroffen: „Wie steht der Sender zu mir?“, „Was hält er von mir?“, „Wen glaubt er vor sich zu haben!“, „Wie fühle ich mich behandelt?“. Die Auswertung der Appellseite schließlich geschieht unter der Fragestellung: "Wo will er mich hinhaben?" bzw. in Hinblick auf die Informationsnutzung: "Was soll ich am besten tun, nachdem ich das nun weiß?" (Schulz von Thun)

Im zwischenmenschlichen Bereich, z.B. als dort handelnde Fachkraft, ist es bedeutsam zu wissen, dass ich mit meiner Sprache bei den mit mir Zusammenarbeitenden bzw. mir anvertrauten Kindern, Jugendlichen oder jungen Erwachsenen individuell ggf. verschiedene „Ohren" erreiche: Dies nimmt Einfluss auf jeweilige Interaktionen. Um dies eher bewerkstelligen zu können, nennt Schulz von Thun vier Kriterien: „Echtheit, Gliederung (Struktur bzw. innere Ordnung), Kürze (Prägnanz) und zusätzliche Stimulanz." Es gilt bei jedem Thema möglichst viele Sinne anzusprechen (Bild, Ton, Film, Grafik), bildhafte Sprache und erlebnisbezogenes Erzählen (u.a. szenische Kurzspiele), Anknüpfen an adressatenbezogene Erfahrungen („erlebnisstimulierende Darstellung). Vor allem gilt es, abstrakte Begriffe zu konkretisieren und Assoziationsmöglichkeiten z.B. durch lautes Denken anzuregen.

Auch aus diesem Grund ist es im zwischenmenschlichen Bereich wichtig und sinnvoll, meine Sprachwahl an möglichen Wirkungen bei meinem bzw. meinen Gegenüber auszurichten. Insbesondere z.B. mit der Art und Weise meiner Intonation kann ich auf die Verständlichkeit bzw. Eindeutigkeit der von mir gegebenen Informationen positiv Einfluss nehmen.

- Das Schöne und zugleich Herausfordernde ist: Eine zum jeweiligen Kontext stimmige, zu mir persönlich (Authentizität) und situativ passende Sprache kann ich erlernen und trainieren.
- Beispiel: In einer Grundschulklasse, die gerade mit freiem Arbeiten im Sachunterricht beschäftigt ist: Karin kommt entrüstet zu ihrer Lehrerin nach vorne. „Frau Schneider, die Monika hat mir gerade ohne zu fragen meine Schere weggenommen!" (Sachinformation)
  Lehrerin: Nimmt die Mimik, Sprache und Körperhaltung von Karin wahr. „Das ärgert dich sehr?!" (Selbstoffenbarung: Mimik, Intonation)
  Lehrerin: Warum versucht Karin das Problem nicht selbst zu lösen? und zum Kind gerichtet: „Was hast du versucht?" (will weitere Informationen) oder „Was können wir da zusammen machen?" (Beziehungsseite)

  Etwas umformuliert, könnte die Schilderung auch unter Erwachsenen im Berufsbereich so ähnlich ablaufen.

3.4 Modell der Transaktionsanalyse nach Berne

Die von Berne entwickelten Konzepte wollen es in einfacher Sprache ermöglichen, intuitive Einschätzungen über Kommunikationsprozesse vorzunehmen. Das Ziel ist es, im menschlichen Erleben und Verhalten Muster zu erkennen. Dies soll menschliche Interaktionen und auch Kommunikationsprozesse klären helfen, sodass daraus sich ergebende Beziehungen besser verstanden werden können. Hierdurch soll der Aufbau produktiverer Beziehungen zu Mitmenschen besser gestaltet werden, sei dies im privaten oder beruflichen Bereich. Zugleich bietet dieses Modell Ansätze, um eigenes Verhalten selbst besser reflektieren und dadurch verändern zu können: So geschieht i.d.R. auch eine Verhaltensänderung beim Gegenüber. Berne ist der Ansicht, dass sich durch ein methodisch durchdachtes Beobachten von Interaktionen allgemeine Merkmale und ´Regeln´ (Muster) der sozialen Beziehungen von miteinander interagierenden Menschen erkennen bzw. ableiten lassen.

Berne bezeichnet eine Kommunikationseinheit als „Transaktion": Sie beginnt mit der durch einen „Sender" gegebenen Information und endet mit der durch einen „Empfänger" gegebenen Rückmeldung.

Die menschlichen Interaktionen bzw. Transaktionen werden maßgeblich beeinflusst durch die individuelle Art der Wahrnehmung und dem erfahrungsbezogenen Verarbeitungs- und Interpretationsprozess im jeweiligen menschlichen Gehirn. Die Transaktionsanalyse beschäftigt sich sowohl mit innerpersönlichen Gegebenheiten als auch mit Interaktionsprozessen, die in informellen oder formellen Gruppen auftreten: Hier will eine transaktionsanalytisch beobachtende Person Muster und ihre jeweiligen Wirkungen erkennen.

Berne entwickelte ein Strukturmodell der Persönlichkeit, das sich aus drei Teilpersönlichkeiten zusammensetzt, die er ICH-Zustände nennt.

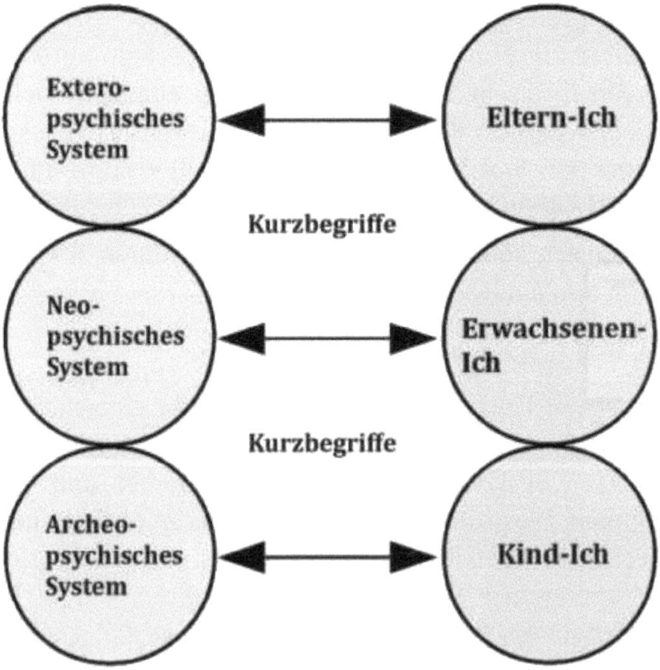

Diese ICH-Zustände beinhalten „kohärente Systeme von Einstellungen, Gefühlen und damit korrespondierenden Verhaltensweisen." (Schmid) Berne unterscheidet drei Grundelemente von ICH-Zuständen: Je nach Situation wechselt jeder Mensch zwischen den drei ICH-Zuständen. Diese drei ICH-Zustände können auch als Haltungen bezeichnet werden, „da sie sowohl das innere Erleben, als auch die äußere Wahrnehmung beinhalten." (Schröder)

Berne u.a. gliedert die Transaktionsanalyse in zwei Teile: Das strukturelle Modell der ICH-Zustände befasst sich mit dem Inhalt der ICH-Zustände. Das funktionelle Modell befasst sich mit der Art der Vorgänge, dem Prozess.

Strukturmodell = „Was" = Inhalt

Funktionsmodell = „Wie" = Prozess

Das Strukturmodell ist dann sinnvoll, wenn wir wissen wollen, was wahrscheinlich im geistigen Inneren (intrapsychisch) eines Menschen situativ konkret abläuft. So befasst sich das Strukturmodell mit den gespeicherten Erinnerungen bzw. Erfahrungen und den daraus individuell entwickelten Strategien.

Das Funktionsmodell ist i.d.R. für das Betrachten eines Kommunikations- bzw. Interaktionsprozesses im privaten oder beruflichen Bereich zum Gewinnen eines Grundverständnisses sinnvoller und praktikabler. Das Funktionsmodell unterteilt die ICH-Zustände so, dass wir erkennen können, wie sie eingesetzt werden. „Wenn wir erkennen wollen, wie Menschen miteinander umgehen, so müssen wir stets das funktionelle Modell verwenden." (Steward)

Der **Zustand des Eltern-ICH** bezieht sich auf das Verhalten, das Denken und Fühlen, das von den Eltern oder sonstigen Autoritäten in der Kindheit übernommen worden ist. Es beinhaltet eine Art Gebrauchsanweisung: Was ist zu tun bzw. zu lassen? Was ist ´richtig´ und was ´falsch´? (´Gewissen´ als Speicher sozialer Kontrolle bzw. sozialer Normen).

Der **Zustand des Erwachsenen-ICH** umfasst das Verhalten, Denken und Fühlen, das direkt auf aktuelle Situationen, das Hier und Jetzt reagiert bzw. dieses steuert. Es stellt das gedachte Lebenskonzept dar, verarbeitet aktuelle Daten, schätzt Wahrscheinlichkeiten ab und trifft darauf aufbauend Entscheidungen. Es entwickelt sich etwa ab dem fünften Lebensjahr.

Der **Zustand des Kind-ICH** bezieht sich auf das Verhalten, Denken und Fühlen, welches auf die Erfahrungen der je eigenen Kindheit rekurriert und gefühlt heute in der aktuellen Situation wieder so abläuft. Es strebt z.B. Zuwendung an.

In einem Kommunikations- bzw. Interaktionsprozess wird von einem Menschen sein momentaner Ich-Zustand durch seine Sprachwahl erkennbar. Bei kleinen Kindern fallen oft z.B. Sätze, die für einen Erwachsenen als „altklug" erscheinen: Es sind Sätze, die das Kind i.d.R. von seinen Eltern übernommen hat und in einer jeweiligen Situation passend findet. Bei älteren Jugendlichen und (jungen) Erwachsenen lassen sich mit dem Funktionsmodell erste Hinweise auf einen wahrscheinlich aktuellen Ich-Zustand erkennen. Die nachfolgende Grafik benennt beispielhaft solche Indizien:

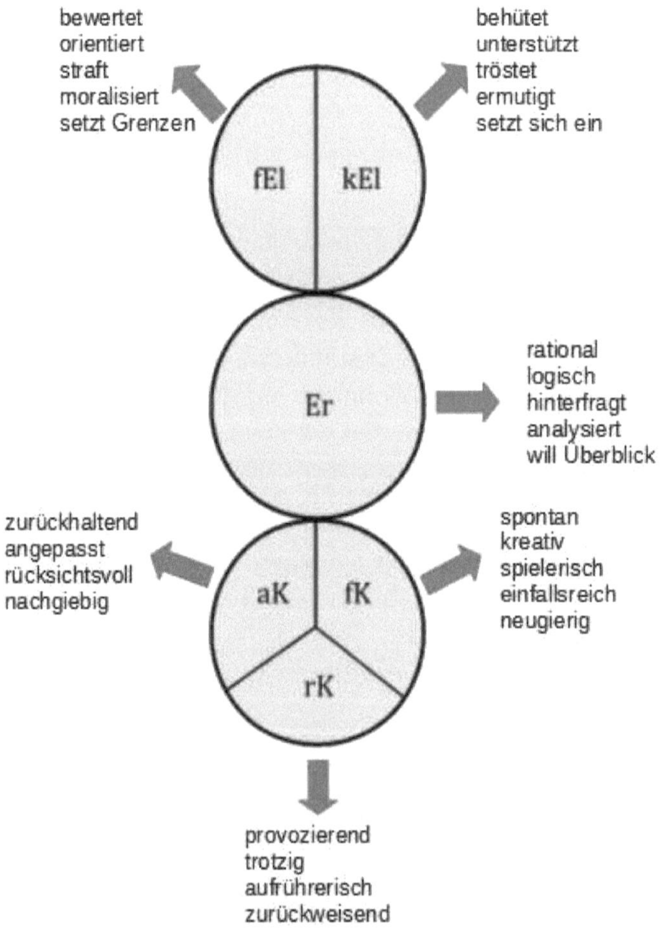

fEl = fürsorgliches Eltern-Ich

kEl = kritisches Eltern-Ich

Er = Erwachsenen-Ich

aK = angepasstes Kind-Ich

fK = freies Kind-Ich

rK = rebellisches Kind-Ich

Beim fürsorglichen Eltern-ICH soll eine andere Person vor etwas geschützt werden, oder die Ansprache intendiert ein Fördern. Die Handlungsweise erfolgt aus echter Sorge und aus einer Einstellung echten Respekts.
Beim kritischen Eltern-ICH wird die andere Person herabgewürdigt. Eine Hilfe wird z.B. aus einer Überlegenheitsposition heraus gegeben.

Das Erwachsenen-ICH stellt jenes Verhalten dar, das ein Mensch unter Ausschöpfung aller seiner aus seinem Erfahrungshintergrund, sowie aktuellen Möglichkeiten in einer bestimmten Situation im Hier und Jetzt hat. Aufgaben des Erwachsenen-ICH sind: Überprüfen der gespeicherten Informationen aus dem Eltern-ICH sowie den Empfindungen aus dem Kind-ICH daraufhin, ob diese in der aktuellen Situation noch passend sind.

Das Kind-ICH wird unterteilt in das angepasste, das rebellische und das freie Kind. Muster des angepassten Kindes beruhen auf gespeicherten Informationen von Erziehungspersonen. Hierauf beruht auch das Verhalten des rebellischen Kind-ICH, da es z.B. trotzig reagiert aufgrund dortiger Erfahrungen. Das freie Kind agiert spontan, neugierig und kreativ.

Beim Beobachten von Kommunikations- bzw. Interaktionsprozessen unter Anwendung der Transaktionsanalyse gibt es vier konzeptionelle Perspektiven:

1. „Die Perspektive der Persönlichkeit (Erleben und Verhalten als Organisationsmuster der Persönlichkeit);
2. die Perspektive der Beziehungen (Erleben und Verhalten als Organisationsmuster in Beziehungen);
3. die Perspektive der Wirklichkeitskonstruktionen (Erleben und Verhalten als Ausdruck von Wirklichkeitsverständnissen).“ (Schmid)

4. „Die Perspektive der Entwicklung (Erleben und Verhalten als Erscheinungen vergangener, gegenwärtiger und künftiger Entwicklungen).“ (Schröder)

Die Perspektive der Beziehungen sowie diejenige der Entwicklung kommen vor allem unter dem Gesichtspunkt der Genese eines Verhaltens in den Blick. Hilfreich kann das Modell auch in der Kommunikation mit anderen Erwachsenen sowie Kolleginnen / Kollegen sein. Bei jüngeren Kindern und Jugendlichen sowie jungen Erwachsenen ist das Erwachsenen-ICH in einem noch nicht vorhandenen, rudimentären oder frühen Zustand.
Verschiedentlich findet sich in der Literatur, dass erst ab etwa Mitte der zwanziger Lebensjahre eines Menschen in unserer komplexen, sich stark wandelnden Gesellschaft von einem deutlichen Erwachsenen-ICH gesprochen werden könne.

Die Transaktionsanalyse unterscheidet drei Transaktionsarten:

- Parallele oder komplementäre Transaktionen;
- Gekreuzte Transaktionen;
- Latente oder komplizierte Transaktionen.

Eine positive Transaktion ist dann gegeben, wenn Sender und Empfänger im jeweilig passenden Ich-Zustand angesprochen werden. Beispiele:

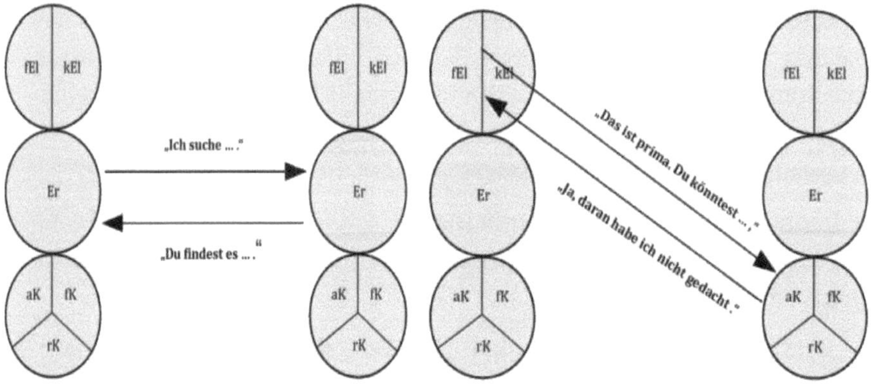

Beide beteiligten Personen sprechen und Empfangen im Erwachsenen-Ich.	Die eine Person spricht aus dem fürsorglichen Eltern-ICH, die andere empfängt es im angepassten Kind-ICH; und umgekehrt.

Eine gekreuzte Transaktion unterbricht den Gesprächsfluss, wirkt unpassend und kann zum Beenden eines Gesprächs führen. Zumindest ist eine beiderseitige Neuorientierung erforderlich, soll das Gespräch fortgeführt werden. Sie bietet auch die Chance zur Metakommunikation.

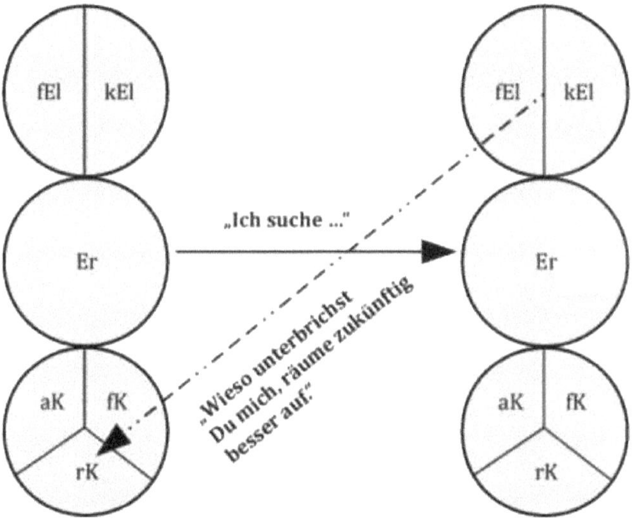

Eine latente oder komplizierte Transaktion liegt dann vor, wenn die jeweiligen Aussagen ´doppelbödig´ sind. Entscheidend ist dann, dass die Situation geklärt wird. Im Beispiel ist die psychologische Ebene zu klären.

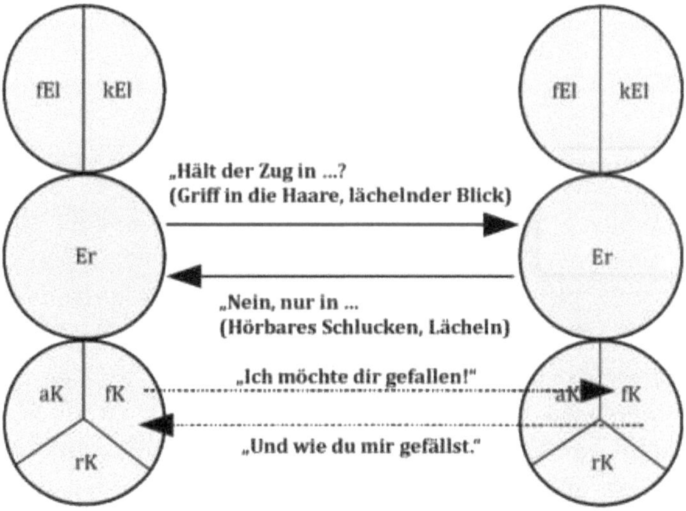

(vgl. Gerhold)

Die Fähigkeit in Kommunikationsprozessen solche Indizien des Ich-Zustands des Gegenübers wahrnehmen zu können bzw. dies zumindest zu versuchen ist bei allen zwischenmenschlichen Kontakten hilfreich.
In möglichst allen Kommunikations- und Interaktionsprozessen sollte zumindest die erwachsene Person im Zustand des Erwachsenen-Ich kommunizieren. Um sich selbst besser in seinem Sprachverhalten beobachten zu können bzw. dies in Partnerübungen mit dann gegebener Fremdwahrnehmung zu erproben sei die folgende Zusammenfassung hilfreich:

Erwachsenen-ICH

Indikator	**Erwachsenen-ICH**
Allgemeines Verhalten	interessiert, sachlich, entspannt, aufgeschlossen, aufmerksam, konzentriert, entspannt, Fragen stellend, Altermantiven entwickelnd, vergleichend, kooperativ, empfindsam, Blickkontakt, Daten sammelnd
Formulierungen	´W ´-Frage, Wer ..., Was ..., Wie ..., Wann ..., Ich denke ..., Ich kann ..., Wahrscheinlich ..., Verglichen mit ...
Mimik / Tonfall	Klar und deutlich, selbstbewusst, ruhig, verbindlich, zugewandt, nachdenklich, aufmerksam, ´aktives Zuhören´, Blickkontakt, sachlich, ruhig, deutlich, selbstbewusst
Gesten und Körperhaltung	Angemessene Gestik, aufrechte Haltung, Körperhaltung passend wechselnd, gerade Kopfhaltung, interessiert zugewandter Oberkörper

Die Frage, ob die postulierten Ich-Zustände nur theoretische Annahmen sind, um darauf eine Struktur bzw. ein Modell aufzubauen oder ob diese Ich-Zustände einen psychologischen bzw. neuropsychologischen realen Bezug haben, stellt sich berechtigterweise: Sie kann klar beantwortet werden mit: Ja! Es gibt nachweisbare neuropsychlogische Anhaltspunkte dafür in den menschlichen Gehirnstrukturen z.B. dem Bereich, den wir Gedächtnis nennen: Es sind alle Gehirnareale, die für die Bewertung, Verarbeitung und Speicherung eintreffender Signale der Sinnesorgane zuständig sind. Die dort seit der Geburt gespeicherten Erfahrungen, die sich für unser individuelles Überleben mehrfach bewährt haben, bilden unsere inneren ´Muster´. Sie sind auch die ´Blaupausen´ für unser Gehirn mit denen alle über die Sinnesorgane neu eintreffenden Informationen verglichen, bewertet und ggf. gespeichert werden. Dies alles geschieht innerhalb des Gehirns im Millisekundenbereich unbewusst so lange wir leben. Dabei sind Emotionen eng mit Dingen, Situationen und Beziehungen verknüpft. Die emotionale Färbung einer aktuellen Situation kann im Gehirn alles andere überlagern: Dies geschieht aufgrund einer früher gemachten guten oder schlechten Erfahrung,.

> **Einschub:** Wirkung einer frühkindlichen Erfahrung, die im Langzeitgedächtnis gespeichert ist. Ein Beispiel:
> Ich sehe in einiger Entfernung einen Hund, schon wird mir heiß, ich fühle im Bauch ein mulmiges Gefühl, der Blutdruck steigt, die Pupillen weiten sich und meine Muskeln spannen sich: Mein Körper macht sich flucht- oder abwehrbereit. Meine Ratio sagt zwar: Der Hund ist an der Leine, eine erwachsene Person ist dabei, auch ist er recht klein. Trotzdem fühle ich eine Anspannung in meinem Körper. Ich kann mich an kein schlimmes Ereignis mit einem Hund erinnern. Von meiner Mutter weiß ich durch eine Erzählung, dass ich als Kleinkind mit damals zwei Jahren beim Spielen auf einer Wiese im Urlaub von einem Hund angefallen worden war. Damals hat mich der Hund umgeworfen, hatte sich über mich gestellt, laut geknurrt und dann in einen meiner zappelnden Arme gebissen.

Dieses Beispiel verdeutlicht die Fähigkeit unseres mentalen Speichers im Gehirn alle relevanten Ereignisse, verknüpft mit den damaligen Emotionen, wieder abrufen zu können: Evolutionär ist dies ein ´Schutzmechanismus´, der das eigene Überleben sichern will in der Umwelt, in die ich hinein geboren wurde. So habe ich hauptsächlich auch alle zwischenmenschlichen von mir als wichtig erlebten Ereignisse mit zugehörigen Emotionen wie ´ein Schwamm´, d.h. rational ungefiltert, in mein Langzeitgedächtnis übernommen z.B. sind das: Das reale und emotionale Verhalten meiner Eltern. Das Verhalten der für mich als wichtigste eingestufte Bezugsperson (z.B. Erzieherin, Lehrer). Ebenso bedeutend sind die von mir erfahrene Qualität von individuell passenden Anregungen sowie die erfahrenen Möglichkeiten im Erleben und Ausleben meiner wachsenden Fähigkeiten und meines Erkundungsdrangs. Aus der Neurobiologie und Neuropsychologie wissen wir immer mehr über diese entscheidende Zeit vom Säugling bis etwa dem sechsten Lebensjahr. Mit einem in der digitalen Welt geläufigen Vokabular gesagt heißt dies: Der indivduelle

´Großprozessor´ zusammen mit seinen eng damit verschalteten ´Steuerungs- und Speicherelementen´, die zusammen ca. 40000 mal schneller ´schalten´ als die ´Einheit für Außenkontakte´, d.h. die Ratio bzw. das Bewusstsein, hat bis zum sechsten Lebensjahr eines Menschen seine grundlegende ´Programmierung´ erfahren: Mit Berne gesagt, jeder Mensch hat etwa in diesen ersten Lebensjahren seinen grundlegenden „Lebensplan" fürs Überleben in dieser seiner Umwelt entwickelt bzw. entworfen.
Auf die Ich-Zustände übertragen, hat jeder Mensch innerhalb des oben genannten Zeitraums in individueller Weise alle erfahrenen Ich-Zustände seiner Eltern in sich aufgenommen: Diese „Eltern-Ich-Zustände" werden je nach Situation vom Gehirn aktiviert (exteropsychische Funktion). Oder umgangsprachlich ausgedrückt und an eine bestimmte Werbung angelehnt, trägt jeder Mensch seine Bezugsperson(en) im Gehirn mit sich.
Zugleich ist jeder geistig gesunde Mensch schon ab dem Kleinkindalter gemäß seines Ich-Bewusstseins in der Lage Informationen zu übermitteln sobald ein situativ angemessener Ich-Zustand aktiviert werden kann (neopsychische Funktion): Der Mensch verfügt über die Fähigkeit verstandesgemäß mit seinem altersgemäßen ´Ich´ mit der ihn umgebenden ´Welt´ zu Interagieren (Art des ´Erwachsenen-Ich´).
Ebenso besitzt jeder Mensch in seinem Gedächtnis aus seiner frühen Kindheit stammende Relikte von damaligen Erfahrungen. Diese werden in spezifischen Situationen wieder wirksam (archäopsychische Funktion). In bildlicher Metapher gesprochen ´wohnt´ in jedes Menschen Gehirn ein kleines Kind (Kindheits-Ich).
Das Genannte könnte nun den Eindruck erwecken, dass nach dem sechsten Lebensjahr ein Mensch in seiner individuellen Persönlichkeit für immer festgelegt ist: Dem ist glücklicherweise i.d.R. nicht so! Das zentrale Element für Veränderungen ist das lebenslange ´Vermögen´ des Lernens mithin die vielen Facetten von Interesse, z.B. Neugier, Dranbleiben, Wille, Ausdauer usw.. Diese Lernfähigkeit und -bereitschaft ermöglicht neue oder andere Erfahrungen. Solche Erfahrungen können bisherige Erfahrungen überlagern bzw. umformen oder ergänzen: Damit verändert sich z.B. das Fühlen, Erleben, Denken und Verhalten, und damit die Ausprägung der Ich-Zustände: Die individuelle Persönlichkeit wächst bzw. verändert sich unentwegt zeitlebens.
Da jeder Mensch ein soziales Wesen ist und grundlegend auf Kontakte und ein Inbeziehungsetzen zu anderen Menschen angewiesen ist, kommt im umfassenden Sinne der jeweiligen Sprache große Bedeutung zu.

3.5 Kommunikationsmodell nach Rogers

Wie schon Berne orientiert auch Rogers sein Modell auf der Grundlage der humanistischen Psychologie. Der Schwerpunkt dieses Ansatzes liegt auf einem positiven Selbstkonzept bzw. Selbstbild. Dies umfasst auch das Streben nach Selbstentfaltung, das gefördert werden sollte. Aus Wahrnehmungen und Erfahrungen mit sich und der Umwelt entwickelt sich „ein Teil dieses Wahrnehmungsfeldes nach und nach zum Selbstbild oder Selbstkonzept der Person. Das Selbstkonzept ist also eine durch Erfahrungen gebildete und sich verändernde Struktur von Wahrnehmungen, Empfindungen und Werthaltungen, die diese Person bezogen auf sich selbst hat.“ (Stangl) Dieses mentale Selbstkonzept ist wie ein dynamisches, vernetztes psychisches System vorstellbar. Es weist z.B. folgende Elemente auf: Die Selbsteinschätzung, die Selbstbewertung, das Körperkonzept und das Fähigkeitskonzept. Die Grafik von Eggert u.a. zeigt, dass alle Elemente zusammenhängen:

(vgl. Eggert u.a.)

Denken Sie an Ihr Bestreben, möglichst oft aus dem Erwachsenen-Ich heraus zu kommunizieren, so hilft hier der Blick auf das eigene Selbstkonzept. Besonders hilfreich und zugleich herausfordernd ist der Hinweis und die Erkenntnis, dass sich das Selbstkonzept entwickelt.

Für dieses eigene Weiterentwickeln ist auch bei Ihnen neben einem ´Wollen´, die eigene Aktivität und Ausdauer in Form des ´Dranbleibens´

angesagt. Hinweise von Eggert u.a. sind dabei hilfreich. Eggert benennt für jedes Element des Selbstkonzepts hierarchisch strukturierte Subsysteme:

Selbsteinschätzung	• Selbstvertrauen (gedankliche Vorwegnahme); • Selbstwertgefühl (aktuelle Komponente); • Selbstwertschätzung (übersituativ, generalisiert).
Körperkonzept	• Körperschema (kognitiv orientierte Inhalte); - Körperwissen - Körperausdehnung - Körperorientierung - Körper in Raum und Zeit • Körpereinstellung; - Körperausdruck - Körperausgrenzung - Körperbewusstsein
Fähigkeitskonzept	• Wahrnehmung eigener Fähigkeiten; • Kenntnis eigener Fähigkeiten; • Bewertung eigener Fähigkeiten.
Selbstbild (kognitiv) / Selbstbewertung (emotional)	• Idealselbst; • Realselbst; • Soziales Selbst. (nach Eggert)

Auch Ihr Selbstbild und die Selbstbewertung fußen auf den vorausgehenden Teilkonzepten und bilden sich brennglasartig in Ihrer Sprache ab. Daher geht Eggert u.a. genauer auf diese Teilelemente ein. „Das **Idealselbs**t zeigt Vorstellungen des Menschen, wie er gern sein möchte. Es beinhaltet sowohl ein realisierbares, aber auch ein nicht erreichbares Wunschbild der eigenen Person.

Vorstellungen vom **Realselbst** beinhalten die Betrachtungen des Menschen über:

- (Das äußere) Erscheinungsbild,
- Das Wissen um die eigene soziale Identität,
- Die Hervorhebung und Bedeutung von Personen oder Gegenständen für sein Leben sowie
- Die psychischen Dispositionen (Einstellungen, Werte, Gewohnheiten).

Das **Soziale Selbst** gibt Auskunft über:

- Die Sichtweise von sich selbst in Bezug zu anderen,
- Das Verhalten bzw. die Darstellung von sich selbst gegenüber anderen,
- Die Einschätzungen, wie andere Personen einen selbst sehen,

- Fremdeinschätzung: Wirkung auf andere, Wertschätzung durch andere." (Eggert)

Rogers sieht das Annehmen und Bewältigen von sozialen Herausforderungen optimistisch. Er sieht den Menschen „als bewusst handelndes Wesen, das von seinen Erfahrungen geleitet wird. All die individuellen Erfahrungen, die ein Mensch in seinem bisherigen Leben gemacht hat, verdichten sich zu einem für jede Person charakteristischen Wahrnehmungsfeld, seiner einzigartigen Realität." (Stangl) Damit sind wichtige Momente für das ´eigene Wachsen´ genannt: Seien Sie erfahrungsoffen, d.h. aktiv, aufmerksam, achtsam, neugierig bzw. experimentierfreudig und reflektionsbereit. So sammeln Sie Erfahrungen sowohl mit sich selbst als auch im gegebenen oder von Ihnen gewählten sozialen Setting: Sie können sich selbst Lernfelder eröffnen! „Das heißt, dass Erfahrungen, die die Selbstaktualisierung ermöglichen als positiv bewertet und deshalb weiterhin angestrebt werden, hingegen werden Erfahrungen, die diese verhindern oder gar bedrohen, negativ bewertet und vermieden werden (organismischer Bewertungsprozess)." (Stangl) Entscheidend sind die Grundhaltungen!
Rogers benennt für eine anzustrebende (professionelle) Haltung in Kommunikations- bzw. Interaktionsprozessen drei Grundhaltungen. Jede dieser Grundhaltungen spiegelt sich in der Art wie z.B. zwei Menschen miteinander sprechen. Diese Grundhaltungen sind grundsätzlich bedeutsam sowohl im privaten als auch im beruflichen Bereich. Vor allem für positiv-konstruktive zwischenmenschliche Prozesse sind sie essentiell:

Echtheit/Kongruenz:
- Offen sein für sich selbst (Selbstakzeptanz);
- übereinstimmend mit sich selbst handeln (Authentizität);
- Echtsein im Verhalten (verbal und nonverbal), d.h. keine Rolle spielen oder sich verstellen (Rollenklarheit);
- Eigene Gefühle akzeptieren und äußern und dies dem Anderen auch zugestehen (Toleranz);
- Dem Anderen gegenüber zugewandte (professionelle) Offenheit zeigen.

Empathie:
- Genaues Beobachten und Wahrnehmen beim Gegenüber (z.B. Sprache, Tonfall, Körperhaltung);
- Sichtweise des Anderen erfassen, dann öffnet sich die Person eher;
- genau Hinhören ohne Bewerten; Rückfragen in „Ichform" und begründen warum gefragt wird;

• eigene Emotionen erkennen und im Gespräch ausblenden können.

Wohlwollende Wertschätzung:

- Bedingungslos den Anderen respektvoll annehmen;
- dem Gegenüber mit Achtung als Mitmensch begegnen;
- das Gegenüber in seinem SoSein wahrnehmen und akzeptieren;
- in seinem Dasein die Person akzeptieren;
- Zeit haben, geduldiges Verhalten zeigen;
- Anteilnahme am Lebensweg und der Lebenssituation zeigen (Mitgefühl).

Exkurs Empathie:
„Empathie bedeutet, das Erleben eines anderen so vollständig und genau nachzuvollziehen, als ob es das eigene wäre, ohne jemals diesen 'Als-ob-Status' zu verlassen." (Stangl) Das bedeutet das Bemühen, die Gefühls-, Wahrnehmungs- und Erfahrungswelt des Gegenüber aus dessen Perspektive zu sehen und ihm dieses Wahrgenommene über ´Aktives Zuhören´ und einfühlsam fragend präzise und konkret mitzuteilen. „Um mit dem Gesprächspartner in seinem Problem kommunizieren zu können, muss ich zwar die Fähigkeit besitzen, mich in ihn einzufühlen, es ist aber nicht erforderlich, dass ich menschlich berührt oder betroffen bin, vielmehr erschwert Betroffenheit die freie Kommunikation zwischen den Gesprächspartnern eher als sie diese fördert." (Stangl)

3.6 Kommunikationsmodell der Themenzentrierten Interaktion (Cohn)

Die Themenzentrierte Interaktion bietet ein grundlegendes Konzept für Kommunikations- und Interaktionsprozesse sowohl in einer Zweierkonstellation als auch in Gruppen. Dieses Modell umfasst neben der methodischen Planung z.B. einer Interaktion auch Gesichtspunkte für deren Durchführung. Sowohl im privaten als auch im beruflichen (professionellen) Bereich bietet das Modell Hinweise auf (didaktisch) relevante Aspekte. Grundlagen der Themenzentrierten Interaktion stellt das Modell der vier Faktoren dar („Vierfaktorenmodell):

1. Faktor: Das ICH = die eigene Person als körperlich-psychische Einheit, die aus sich selbst heraus wirkt und sich sowohl nach innen als auch nach außen selbst leitet.

2. Faktor: Das WIR = mein Gegenüber bzw. die Gruppe von Menschen, mit denen ich zusammen bin; und die ein gemeinsames Anliegen haben.

3. Faktor: Das ES = das Thema bzw. die Aufgabe; das ist ein ´Raum´ zu dem jeder/jede einen je eigenen Zugang sucht bzw. suchen muss.

4. Faktor: Der Globe = das gesamte Umfeld in dem ich und wir leben. Dieses Umfeld weist real wirkende Gegebenheiten auf und muss berücksichtigt werden.

Im gemeinsamen Kommunikations- und Interaktionsprozess gilt es zwischen den Faktoren eine „dynamische Balance", eine Art Fließgleichgewicht zu halten. Das Streben nach dieser „dynamischen Balance" ist Aufgabe von ICH **und** WIR: Es geht um ein gemeinsames Austarieren zwischen den Faktoren, sodass ES bestmöglich gemeinsam bearbeitet werden kann.

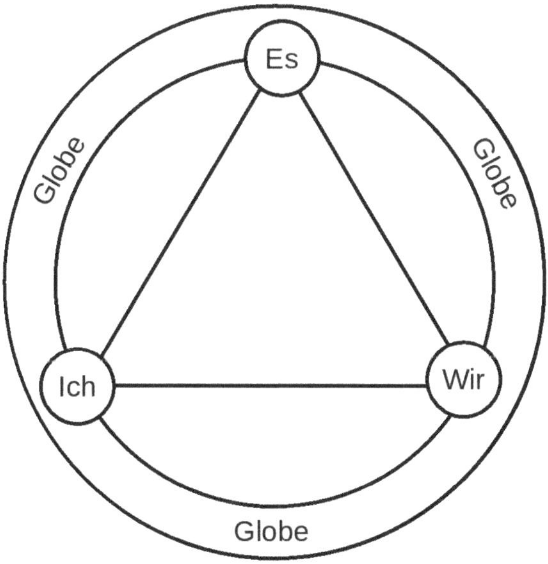

Alle vier Faktoren stehen in einer konkreten Situation ständig im Austausch bzw. in Wechselwirkung miteinander.
Mit Blick auf Kommunikations- und Interaktionsprozesse sind alle beteiligten Personen in jeweils ihrem Bereich verantwortlich für das Gelingen des gemeinsamen ´Projekts´.

Bei diesem Bearbeiten greifen die Axiome der Themenzentrierten Interaktion, die auch deren Menschenbild darstellen bzw. verdeutlichen:

1. Axiom: „Autonomie“
Der Mensch ist eine psycho-biologische Einheit. Er ist auch Teil des Universums. Er ist darum autonom und interdependent. Die Autonomie des Einzelnen ist um so größer, je mehr er sich seiner Interdependenz mit allen und allem bewusst ist.

2. Axiom: „Wertschätzung“
Achtung gebührt allem Lebendigen und seinem Werden und Vergehen. Respekt vor dem Wachstum bedingt bewertende Entscheidungen. Das Humane ist wertvoll, Inhumanes ist wertbedrohend.

3. Axiom: „Grenzen erweitern“
Freie Entscheidungen geschehen innerhalb bedingender innerer und äußerer Grenzen. Eine Erweiterung dieser Grenzen ist möglich (vgl. Cohn).

Zwei Postulate ergänzen diese Axiome:

1. Sei deine eigene Chairperson bzw. dein eigener ´Vorsitzender´! Nimm jede Situation als Angebot wahr für die eigene Entscheidung.
2. Störungen haben Vorrang bzw. nehmen sich Vorrang (vgl. Cohn).

zu 1: Ich ändere das, was ich ändern kann. Kann ich etwas nicht ändern, so suche ich eine Art und Weise das Beste daraus zu machen.

zu 2: Störungen wollen ernst genommen werden. Es gilt Probleme auszuloten, was häufig heißt unbequem zu sein (vgl. Cohn).

Diese Axiome werden noch durch Regeln ergänzt bzw. präzisiert. Diese Regeln sollen eine positiv-konstruktive Kommunikations- und Interaktionsweise zwischen allen Beteiligten fördern. Cohn nennt sie „Hilfsregeln“, die grundsätzlich einzuhalten sind.

Diese Regeln haben auch viel mit der eingesetzten verbalen und nonverbalen Sprache zu tun, u.a. mit der Wortwahl.

- Vertritt dich selbst in deinen Aussagen. Sprich per „ich“ und nicht per „wir“ oder „man“.
  Sage klar und begründet deine Sichtweise, sei darin sachbezogen und zugleich du selbst: Sei präsent.
- Teile Fragen als Fragen mit und Meinungen als Meinungen.

Stellst du eine Frage, sage, warum du fragst und was deine Frage für dich bedeutet. Sage deine Sichtweise und dein Empfinden, vermeide das Interview.

- Nur eine Person spricht zur gleichen Zeit.
  Wollen mehr als eine Person sprechen, dann verständigt euch.
  Bei impulsivem ´Einklinken´ ist eine Einigung der Reihenfolge wichtig.
- Sei authentisch und selektiv in deinen Kommunikationen! Mache dir bewusst, was du denkst und fühlst und wähle, was du sagst und tust.
- Halte dich mit Interpretationen von anderen zurück. Sprich stattdessen deine persönlichen Reaktionen aus.
  Deine Interpretation könnte unzutreffend sein. Nenne stattdessen, wie du eine Aussage wahrgenommen hast oder frage zurück.
- Sei zurückhaltend mit Verallgemeinerungen.
- Sagst du etwas über eine andere Person, so sage auch, was es dir bzw. für dich bedeutet, dass sie so ist, wie sie ist.
- Seitengespräche haben Vorrang.
  Einerseits stören sie, andererseits sind sie meist wichtig. Sie würden nicht geschehen, wenn sie nicht wichtig wären.
- Achte dich und die andere(n) Person(en), deine Möglichkeiten und Fähigkeiten und die des/der anderen.
- Sage immer die Wahrheit. Höre nach innen und nach außen. Entscheide dann verantwortungsbewusst was du zu welchem Zeitpunkt sagst.
  Das „Herz immer auf der Zunge zu haben“ ist in bestimmten privaten Situationen stimmig. In vielen anderen Situationen, vor allem im Kontakt zu anderen, außenstehenden Personen ist das innere Abstimmen von Gefühl, Emotion und Verstand (Ratio) erforderlich, um sich für ein stimmiges verantwortungsbewusstes Tun zu entscheiden.

Das im Modell der Themenzentrierten Interaktion Gesagte gibt konkrete Hinweise und Anhaltspunkte für konkretes Sprechen und Handeln sowohl in privaten als auch beruflichen Bereichen: Es könnte für Sie eine Art ´Verhaltenskodex´ sein. Auch in der Außenwelt würde ein solcher ´Kodex´ positiv wirken. Dies umfasste dann z.B. alle in einer Organisation lebenden bzw. tätigen Personen als Orientierung (siehe Literatur „Führen und Leiten in dynamischer Balance“).

Gerade in Bereichen, in denen Menschen ausgebildet werden, ist es für die Persönlichkeitsentwicklung z.B. Heranwachsender bedeutend, dass sie in angemessener, klarer Weise angesprochen werden. Die Aussage einer jeweiligen Fachkraft sollte respektvoll und durchdacht erfolgen sowie auch ihre persönliche Sichtweise aufzeigen.

Es gibt echte und unechte Fragen. Echte Fragen sind deshalb legitim, weil sie Ausdruck eines Informationsbedürfnisses sind. Unechte Fragen sind bedenklich; denn sie sind meist Ausdruck von Machtspielen. Sie sollten so oft wie möglich echte Fragen stellen"
Kinder und Heranwachsende sollten zu echten Fragen ermuntert werden. Dies bedeutet zugleich, dass solche Fragen ernst zu nehmen sind und entsprechend ernsthaft beantwortet werden. Im Ausbildungsbereich sind echte Fragen Chancen und effektive Mittel für Lern- und Erkenntnisprozesse.

Arbeiten in privaten oder beruflichen Situationen verschiedene Personen zusammen, so ist es unerlässlich, dass sie bei einem Meinungs- oder Erfahrungsaustausch sich gegenseitig genau zuhören. Nur so können sie z.B. die von einer anderen Person im Sachbeitrag tragenden Denkprozesse mitvollziehen und daran selbst lernen.

Auch in beruflichen Beziehungen ist ein faires und vertrauensvolles Miteinander besonders wichtig. Dazu ist von Seiten einer jeweiligen Fachkraft bedeutsam, dass sie vor einer Aktivität eine gewisse Filterung der je eigenen Aussagen bzw. Interaktionen vornimmt: Die eigene Handlungsweise bzw. Sprachwahl sollte verantwortungsbewusst und sowohl situativ als auch personenbezogen passend erfolgen.

Auch im beruflichen Umgang sowohl mit Erwachsenen als auch mit Kindern oder Heranwachsenden finden bei Fachkräften Interpretationen von Handlungen oder Sprachbeiträgen statt. Diese führen oft zu ´inneren Abwehrimpulsen´ aufgrund je individueller Deutung. Diese Impulse gilt es wahrzunehmen; denn sie beruhen auf jeweiligen Erfahrungen: Etwas triggert diesen Menschen an! Diese Erfahrung werden auch Sie schon gemacht haben: „Etwas triggert mich an." Sie erahnen es wahrscheinlich bereits: Dieses ´Triggern´ d.h. diese Abwehrimpulse haben bei Ihnen in erster Linie mit Ihrer Person zu tun. Genauso ist es auch bei Ihrem Gegenüber. Um solche Abwehrimpulse angemessen zu bearbeiten ist Zeit erforderlich, um in Ruhe z.B. auf die Metaebene gehen zu können: „Was ist es, das mich triggert?". Finden Sie keine genaue Antwort, so ist ein fachliches Beratungsgespräch angesagt bzw. sinnvoll z.B. mit der Beratungsfachkraft oder der Sozialarbeiterin. Ist eine unmittelbare Reaktion erforderlich, hilft oft ein Nachfragen oder ein fragendes Benennen der eigenen Deutung, z.B. „Ich habe gerade gesehen wie du (Sie) .... Was willst du (Sie) damit bezwecken? ... Du kennst (Sie kennen) die hier geltende(n) Regel(n) ... !"

Gerade im personalen z.B. pädagogischen Bereich sollte wegen der hohen Komplexität jeweiliger Gegebenheiten versucht werden, sich so präzise und sach- bzw. situationsbezogen wie möglich zu äußern. In Gesprächen oder Besprechungen kann es dann sinnvoll sein, die Ebene durch eine verallgemeinernde Äußerung zu wechseln, wenn z.B. ein Teilthema erschöpfend diskutiert wurde: Z.B. „Wir haben gerade wichtige Aspekte beim Teilthema ... erörtert und Handlungsansätze ... gefunden. Jetzt gilt es das Gesamtthema ... wieder in den Blick zu nehmen! Wie verfahren wir z.B. mit / bei ... weiter?"

In beruflichen Arbeitsfeldern geht es meistens um fachliche, beziehungs- oder personbezogene Anlässe. Im privaten Bereich stehen oft erzieherische Gegebenheiten oder beziehungsbezogene Anliegen im Mittelpunkt. Entscheidend ist, dass beteiligte bzw. betroffene Personen miteinander sprechen und Dinge bzw. Angelegenheiten in respektvollem Austausch miteinander klären in Form eines offenen Dialogs. Dabei sind persönliche Eindrücke als solche in angemessener, achtsamer Weise ggf. unter Anwesenheit einer weiteren Person in Mediationsfunktion zu benennen.

Sind mehr als drei Personen in einem Kommunikationsprozess, z.B. einer Besprechung oder Konferenz anwesend, so sind oft Nebengespräche zu beobachten. Solche Nebengespräche im Kreis von Erwachsenen haben meist ihre Berechtigung: Es können verschiedene Gründe vorliegen, z.B. Langatmigkeit einer Diskussion oder eines Vortrags (Ermüdung), kurzer individuell als wichtig empfundener Informationsaustausch zu etwas gerade Vorgetragenem, Abschweifen der Aufmerksamkeit (z.B. Langeweile). Auch in Lernsituationen mit Kindern oder Heranwachsenden sind Nebengespräche anzutreffen. Entscheidend für die Einschätzung eines ggf. erforderlichen Handelns ist die situative Anzahl (Störquantität) von Nebengesprächen und die Art der Störung (Störqualität) sowie mit Blick auf andere Anwesende deren Störanfälligkeit.

Oft im ausbildungsgezogenen oder beruflichen Lern- und Arbeitsfeld sinnvolle und gangbare Ansätze der Prävention sind zum einen das Beachten der von Schulz von Thun formulierten Kriterien für eine erhöhte Aufmerksamkeit bei verbalen Sprachbeiträgen: Kurz und gehaltvoll, genau und treffend. Zum andern ermöglichen sinnvoll aktivierende, selbständige Arbeitsphasen ggf. mit Partner(-in) oder in Kleingruppen sowohl eine Arbeit an der Sache als auch Möglichkeiten des verbalen Austauschs.

3.7 Kommunikationsmodell nach von Stockert

Schon bei vorher genannten bzw. vorgestellten Kommunikationsmodellen waren Hinweise und Anregungen für mögliche konkrete Umsetzungen enthalten bzw. ich habe solche angefügt. In jeder Kommunikation bzw. Interaktion verfolgt jede Person mit ihrem Sprechen eine Intention bzw. Absicht. Insbesondere beim Modell der Themenzentrierten Interaktion gibt es besonders zahlreiche, konkret anzuwendende Hinweise bzw. Regeln für das Verhalten bzw das Sprechen. Jedoch fehlen bisher in den Modellen Ideen für einen allgemeinen Aufbau von verbalen Kommunikations- bzw. Interaktionsprozessen, z.B. für konkrete Gespräche. Dies leistet das Kommunikationskonzept von Stockerts. Dieses Konzept gründet auf drei Säulen:

- „**Präsenz**" der sprechenden Person;
- „**Klarheit** der Botschaft" bzw. der Information;
- „**Wertschätzung**" des Gegenübers (v. Stockert).

„**Präsenz**" umfasst die gesamte Persönlichkeit der sprechenden Person mit all ihren körperlichen und mentalen Stärken und Schwächen, so auch z.B. ihrem Selbstbild, Selbstbewusstsein und Selbstverständnis. In der je aktuellen Situation wirken all diese Elemente zusammen und ergeben die von anderen wahrnehmbare ´Ausstrahlung´. Diese zeigt sich in der Art des Auftretens (Körperhaltung), der verbalen Sprache (z.B. Intonation, Wortwahl, Satzbau) ebenso wie in erkennbarer natürlicher bzw. stimmiger Aufmerksamkeit und Achtsamkeit für die Menschen in ihrer unmittelbaren Umgebung mit denen sie im Gespräch ist bzw. zu denen sie spricht.

„**Klarheit der Botschaft**" bzw. der Information, die übermittelt werden soll. Dies geschieht durch nonverbale und verbale Sprache. Sprache stellt ein Codieren bei der sprechenden Person dar und muss zum Verstehen von der die Information empfangenden Person decodiert werden (können). Ein Verstehen ist nur dann möglich, wenn alle am Gespräch bzw. Vortrag Beteiligten über ein grundlegend gemeinsames Zeichenrepertoire mit zugeordneten Bedeutungen verfügen, z.B. kulturspezifische und sprachliche Gemeinsamkeiten. Meist wird in diesem Zusammenhang von „Semantik" gesprochen.

⇨ Semantik beschäftigt sich mit den Beziehungen zwischen ´Zeichen´ bzw. ´Signalen´ und deren Bedeutungen.

Klarheit umfasst auch den ´Gleichklang´ von Mimik und Gestik zur eingesetzten verbalen Sprache. „Die Klarheit besteht aus einem sinnkonformen Vokabular, einer widerspruchsfreien Grammatik und dem Gebrauch von überschaubaren Sätzen." (v. Stockert) Auch eine deutliche Aussprache bzw. Artikulation ist hilfreich. Dies umfasst auch eine stimmige Satzmelodie. Überschaubare Sätze sind nach von Stockert alleine „Aussagesätze, Fragesätze und Aufforderungssätze". In einem verbalen Gedankenaustausch oder Vortrag sind überschaubare Sätze daher kurze Sätze: Die Sätze sollen ja so wie ich sie gesendet habe auch ´simultan´ dekodiert, d.h. verstanden werden können (effiziente Kommunikation). Einen spielerischen Umgang mit Sprache findet sich eher in der Literatur (Gedichte, Essays, Romane, usw.).

„**Wertschätzung**" umfasst z.B. Einfühlungsvermögen, Achtung und Respekt vor der Person des Gegenüber, rollensensibles Verhalten (z.B. soziale Regeln) sowie Aufmerksamkeit und Interesse für die gesendeten bzw. empfangenen Informationen. Zudem tauschen in einem Gespräch die jeweils sprechende Person mit der zunächst hörenden Person je nach Gesprächsverlauf bzw. in diesem immer wieder die Rollen: Die sprechende Person wird zur hörenden Person und umgekehrt (dialogische Kommunikation). Beide sollten sich daher als Personen gegenseitig wertschätzend verhalten.

Bei allen menschlichen Sprachen bestehen bei allen Unterschieden grundlegende Gemeinsamkeiten: Es besteht u.a. ein Regelsystem und ein spezifischer Code. „Die Kommunikation hat ebenfalls eine eigene Struktur und erfolgt nach Regeln und Konventionen, die wir beachten müssen, wenn der Kontakt zielführend und erfolgreich sein soll. Dabei spielen mehr psychologische Aspekte eine Rolle … ." (von Stockert)

Eine gelingende Kommunikation bzw. ein Verständnis des Gesagten hängt z.B. von folgendem Verhalten der Beteiligten ab:

- Einer genauen Sprache und Artikulation, eines gemeinsamen Zeichensatzes (z.B. Begriffe) sowie Verständigungsmittels (Code);
- beide Personen sprechen zum bzw. über das gleiche Thema;

- beide sind bereit und fähig die je andere Person zu respektieren bzw. zu akzeptieren und deren Aussagen ernst zu nehmen;
- beide achten auf das Auffassungsvermögen des Gegenüber, machen z.B. Pausen nach einem wichtigen Satz oder einer bedeutsamen Aussage.

Von Stockert entwirft für gelingende Kommunikationsprozesse ein fünfschrittiges Kommunikationsmodell, das insbesondere in allen Lingva Eterna(R) Kommunikationsseminaren bzw. -schulungen Eingang gefunden hat:

1. „Die Intention;

2. die wertschätzende Kontaktaufnahme;

3. der Rahmen;

4. der Diskurs;

5. der Schluss." (von Stockert)

Zu **„Intention":** Jede Kommunikation bzw. Interaktion hat ein bewusstes oder unbewusstes Ziel, eine Intention bzw. eine Absicht: Dies kann z.B. eine Kontaktpflege, eine neue Kontaktaufnahme, ein Mitteilungsbedürfnis, ein Erfahrungsaustausch sein oder einfach die Freude, die andere Person wieder zu treffen. Ist die andere Person bereits bekannt, kommt automatisch bei mir das innere Bild zu dieser Person ins Bewusstsein mit allen bereits gemachten Erfahrungen: Entsprechend prägt dies (zunächst) mein Verhalten und damit auch meine verbale und nonverbale Sprache (vgl. Stockert).

Zu **„wertschätzende Kommunikation":** Gleich welche Vorerfahrungen ich mit einer Person gemacht habe, sollte ich, meine ´inneren Teammitglieder´ (Gefühle) würdigend, meinem Gegenüber als Mitmensch wertschätzend bzw. seine Würde achtend gegenübertreten. Dazu gehört, dass ich mein Gegenüber ansehe, kulturell und rollensensibel passend mit Nennung des Namens grüße und zumindest mit freundlicher Mine blicke. Erst nach einer kurzen Pause eröffne ich das Gespräch. Von Stockert nennt dies „die drei A: Ansprechen (Namen), Anschauen, Atmen."

Zu **„Rahmen":** Hierbei geht es wie bei der TZI um das Thema und wie ich es anspreche. Entscheidend ist die Art und Weise wie das ´Thema´ angesprochen wird. Sind beide beteiligte Personen miteinander vertraut, so kann es in höflicher Weise rasch zum Kern z.B. eines Anliegens kommen, z.B. Ein Vater zu seinem Sohn, der Vater steht auf der Leiter am Baum: „Reiche mir bitte die Astsäge." Sind beide Personen nicht oder weniger miteinander vertraut, so bedarf es einer Art Einleitung bzw. eines Vorspanns. Damit wird quasi um einen Kontakt gebeten, z.B. bei der Nachfrage nach einer Örtlichkeit: Einer Straße, eines Gebäudes usw. z.B.: „Sind Sie von hier? Ich suche die XY-Straße!“ oder „Waren Sie gestern auch auf dem Bauernmarkt? Da gab es am XY-Stand eine Auseinandersetzung zwischen .... .“

Im privaten und auch oft im beruflichen Feld kommt es öfter vor, dass beim Ansprechen einer andere Person der Rahmen weggelassen wird. Oft wird er vergessen oder ist gedanklich für die sprechende Person gesetzt. Dies führt meist beim Gegenüber zu Unverständnis, Missklängen und ggf. zu emotionalen Belastungen. Eine entsprechende Ansprache, vielleicht sogar emotional vorgetragen, kommt sozusagen ´aus dem heiteren Himmel´. Sie platzt z.B. in die Konzentration auf eine aktuelle Aufgabe oder einen wichtigen Handlungsablauf hinein. Bei der die Botschaft empfangenden Person kommen dadurch meist Widerwillen, Abwehrreaktionen oder Missbilligung auf: In Gedanken, z.B.: „Was soll das, ich bin intensiv mit ... beschäftigt!“ oder bei emotional geprägter Ansprache, „Das ist unverschämt, ich tue mein Bestes um ... sach- und fristgerecht zu bearbeiten!“

Zu **„Diskurs“:** Ist der „Rahmen“ eröffnet bzw. benannt, dann folgt das Beschäftigen mit dem Thema: Informationen, Meinungen, Argumente und Ansichten bzw. Standpunkte werden angesprochen, ausgetauscht und diskutiert. Es findet ein Wechselgespräch statt wobei jede beteiligte Person klar bzw. deutlich erkennbar ihre Rolle übernimmt. Wichtig dabei ist das Beachten der drei Säulen: Präsenz, Klarheit und Wertschätzung, durch alle Beteiligten! In der Diskussion bringt jede beteiligte Person die verschiedensten Facetten ihrer Persönlichkeit in verbaler und nonverbaler Sprache ein: Hierzu gehören auch z.B. nach außen transportierte, angetriggerte Emotionen, das hohe Engagement für das Thema und das Vor- und Sachwissen.

Zu **„Schluss“:** Nach einer gewissen Zeit, für die Beteiligten passend, ´läutet´ eine oder mehrere der Beteiligten die Schlussrunde ein. Meistens dann, wenn ein vereinbartes oder gefühltes Gesprächsziel erreicht ist. Schön und verbindend ist es, wenn ein gemeinsamer Rückblick bzw. eine Art Zusammenfassung nochmals für alle verdeutlicht, dass sich der Austausch ´gelohnt´ hat. In einem mehr oder weniger formellen Abschlussakt findet dann das gegenseitige Verabschieden statt. Hier ist wieder besonders wichtig, dass Körpersprache und verbale Sprache kongruent sind, z.B. „Prima, dass wir uns wieder austauschen konnten. Ich wünsche dir ... , grüße auch ... von mir. Tschüss!" oder bei einem Vortrag: „Ich wünsche allen ein frohes Gelingen kommt gut nachhause, bleibt gesund, bis bald!"

Dieses Modell bzw. auch Konzept von Stockerts lässt sich in privaten und in beruflichen Bereichen z.B. zu mir passend stimmig umsetzen. Von besonderer Bedeutung ist dabei neben den drei Säulen und ihren Bedeutungen der Gesichtspunkt des „Rahmens". Dessen Beachten ist in der Lage eine Art Verbindlichkeit inhaltlicher bzw. thematischer Art zu schaffen: „Worum geht es?", „In welchem Kontext steht das kommende Gespräch?!". Auch ein persönliches, emotionales Betroffensein findet hier, in passender Weise formuliert, seinen stimmigen Raum.
Grundlegend gelten auch und gerade in beruflichen Gesprächen bestimmte Grundregeln, siehe z.B. die Regeln der TZI. Gerade in Gesprächen mit Kindern, Heranwachsenden oder jungen Erwachsenen ist zunächst davon auszugehen, dass sie keine psychologischen ´Spiele" (siehe TA) ´abziehen´. Solche psychologischen ´Spiele´ sind oft bei Erwachsenen zu erwarten und dann insbesondere in (gefühlten) Konkurrenzsituationen.

Wesentlich sind in Gesprächen drei Ansätze:

- **„Wahrheitsvermutung:"** Zunächst gilt die Annahme, dass das Gegenüber nach bestem Wissen und Gewissen handelt, d.h. aus seiner Wahrnehmung bzw. seiner Sicht die Wahrheit sagt.
- **„Gesprächsdisziplin:"** Oft gibt es in berufsbezogenen Institutionen vereinbarte und i.d.R. schriftlich festgehaltene Verhaltensweisen als ´Leitlinien´ in Gesprächen für jeweilige Mitarbeitende oder Fachkräfte. Diese gilt es erprobend zu adaptieren und an die eigene Person anzupassen (partielle Authentizität). In Interaktionen mit bzw. unter anbefohlenen Personen (Betreute, Auszubildende) sollten gegebene Regeln immer wieder praktiziert und ´trainiert´ werden. Wichtig ist es, gültige Vereinbarungen (Regeln) auch gegenüber z.B. Eltern, diese vertretende Personen oder Mitarbeitende von Behörden zu praktizieren. Gesprächsdisziplin zeigt sich z.B. darin: Eine Sachlage bzw. eine Sichtweise oder ein Argument werden kurz vorgetragen. Das Gegenüber hört genau zu und stellt danach ggf. Verständnisfragen. Dies geschieht wechselseitig. Es ist genau auf eine jeweilige Intonation zu achten: Anschreien, verbale Angriffe, (bissige) Ironie oder Zynismus sind ein Grund, ein Gespräch zu unterbrechen.
- **„Sachlichkeit:"** Das Gespräch soll von beiden bzw. allen Seiten so kooperativ und konstruktiv wie möglich, d.h. zielbewusst, geführt

werden. Bei aller angestrebten „Sachlichkeit" schwingen in jedem Gespräch emotionale bzw. mentale Befindlichkeiten mit. Wird eine persönliche oder personbezogene Sichtweise vorgetragen, so hat die betreffend angesprochene Person das Recht als Erste darauf in respektvoller, klarer und verbindlicher Weise zu antworten, ggf. übernimmt in dieser Zeit zeitweise eine von beiden Seiten gewünschte bzw. vertraute Person die Moderation.

3.8 Verhaltensskills in Gesprächen

Verhaltensskills dienen dazu, eine andere Person besser zu verstehen. Auch lassen sich damit Fehlinterpretationen des Gehörten vermeiden. Es sind Hilfsstrategien, die bewusst und situativ stimmig eingesetzt, einen für alle Beteiligten konstruktiven Kommunikationsprozess i.d.R. begünstigen. Als reine ´Technik´ verstanden und eingesetzt wirken sie oft ´aufgesetzt´.

Spiegeln

Für Gordon sind zentrale Elemente in einer verbalen Kommunikation die vollständigen „Ich-Botschaften". Mit ihnen verdeutlicht die eine Information empfangende Person, wie sie diese Information gehört hat bzw. interpretiert: Sie gibt der sendenden Person mit eigenen Worten das Gehörte wieder (Spiegeln).
Beim Verbalisieren werden i.d.R. auch wahrgenommene Gefühle benannt bzw. in Worte gefasst, um z.B. ein einfühlsames Verständnis zu signalisieren. Beim Verbalisieren bieten sich folgende Satzanfänge an:

- „Hört sich an, als ..."
- „Ich habe den Eindruck, dass .... ."
- „Sieht aus, als hätten Sie .... ."
- „Es scheint Ihnen wichtig zu sein, dass …" (Hintz)

Eine andere Form des Zurückmeldens des Gehörten ist das Paraphrasieren. Hierbei wird das Gehörte sinngemäß wiedergegeben.
Beim Paraphrasieren werden oft folgende Satzanfänge verwendet:

- „Wenn ich Sie richtig verstanden habe, meinen Sie …"
- „Sie wollen wissen, ob … / wie … / was…"
- „Mit anderen Worten …"
- „Zusammengefasst meinen Sie …"

- „Das heißt also, ...“
- „Ihrer Meinung nach ist das also ...“
- „Ihnen kommt es darauf an, dass ...“
- „Das bedeutet für Sie, ...“
- „Für Sie ist es also besonders wichtig, dass ...“ (Hintz)

´Spiegeln´ kann auch ein Element des ´Aktiven Zuhörens´ sein.

Aktives Zuhören

´Aktives Zuhören´ stellt ein Signal des ´Verstehenwollens´ an die sprechende Person dar. Grundlage muss echtes Interesse sein. Zugleich beinhaltet dies den Entschluss der hörenden Person, alle Aussagen des Gegenüber verstehen zu wollen, auch diejenigen, mit denen divergierende Auffassungen oder Ansichten vorgebracht werden. Es ist sinnvoll ´Aktives Zuhören´ überall dort anzuwenden, wo der Eindruck eines Klärungsbedarfs besteht oder der, etwas evtl. falsch verstanden zu haben (Hier ist z.B. ´Spiegeln´ hilfreich.). ´Aktives Zuhören´ umfasst mehr als Verbalisieren oder Paraphrasieren. Es gehören auch lautliche oder mimische Signale dazu, die der sprechenden Person anzeigen, dass sie die volle Aufmerksamkeit der zuhörenden Person hat, so z.B. lautlich „Aha!“, „So!“, „Mmh“, oder mimisch situativ passend mit dem Kopf nicken, den Kopf schräg stellen oder schütteln, lächeln, ernst blicken, eine Augenbraue anheben usw..

Aktives Zuhören gliedert sich in drei Phasen:

Erste Stufe: Hier geht es um das Inbeziehungtreten mit den eindeutigen Signalen der ungeteilten Aufmerksamkeit, des genauen Zuhörens und dem Bemühen des Verstehens.

Zweite Stufe: Jetzt geht es um den Inhalt und das inhaltliche Verstehen. Die zuhörende Person wendet das Paraphrasieren an, um für sich genau die Beweggründe bzw. die Sichtweise des Gegenüber zu klären.

Dritte Stufe: Thema sind die Gefühle und das damit verbundene einfühlende Verstehen. Hilfreich ist das spiegelnde Verbalisierung der wahrgenommenen gefühlsbezogenen Botschaften.

Das ´Aktive Zuhören´ der eine Information empfangenden Person gibt der diese Information sendenden Person die Gewissheit, richtig verstanden worden zu sein. Durch nonverbale Zeichen nimmt dies ihr Gegenüber wahr und empfindet dies als positiv: (Endlich!) Ich werde verstanden!

Beim ´Aktiven Zuhören´ ist wie bei jeder respektvollen Kommunikation darauf zu achten, dass persönliche Grenzen eingehalten werden. ´Aktives Zuhören´ findet seine Grenze bei z.B. verbalen Angriffen oder bei Anlässen, in denen situations- oder sachbezogen eine jeweilige Stellungnahme erforderlich ist bzw. eingefordert wird.

Kommunikation in konflikthaften Situationen

In einer konflikthaften Situation ist es meist hilfreich für sich zunächst zu analysieren, wer „das Problem hat" bzw. wer in der Lage ist, etwas zu verändern (vgl. Gordon): „Wer hat mit Blick auf das Problem die ´Macht´ eine Änderung zu bewirken?" Diese Frage stellt sich oft im beruflichen und manchmal im ausbildungsbezogenen Bereich. Bei Letzterem arbeiten i.d.R. Expertinnen bzw. Experten beim ´Kerngeschäft´ selbständig und allein: Sie sind verantwortlich in ihrem Entscheiden und Handeln.
Habe ich als interaktionsgestaltende, verantwortliche Person das bzw. ein Problem, so bin ich in der Lage in drei Bereichen eine Veränderung vorzunehmen:

- Durch direkte Intervention (Bitte, Appell, Aufforderung);
- durch indirekte Intervention (z.B. Veränderung der von mir gestalt- bzw. beeinflussbaren Umwelt z.B. des Kindes);
- Veränderung der eigenen Normen und Erwartungen (nach Gordon).

Die Methode der Wahl bei direkten Interventionen sind Ich-Botschaften.

Eine Methode der Wahl bei indirekten Interventionen ist das Einfordern oder Ermöglichen eines „Tauschs" von z.B. Materialien, Verhaltensweisen oder Zeitpunkten.

Eine Methode der Wahl beim Verändern von jeweils eigenen Normen besteht darin, die Normen oder Erwartungen so zu verändern, dass ein bisheriges Problem nicht mehr das eigene Problem ist. Durch Uminterpretation bzw. dem Eingeständnis faktischer und eigener Grenzen trotz bestem Wollen, z.B. der gegebenen Machtmöglichkeiten, ergibt sich schon aus Selbstschutz die einzige realistische Option: Die transparente situative oder grundsätzliche Verantwortung wird dem Gegenüber übertragen. Es greift dessen Selbstverantwortung mit allen Folgen und Risiken. - Ein realitätsnahes Beispiel aus dem schulisch pädagogischen Bereich finden Sie zum Nachdenken im Anhang (konfliktbehaftete Kommunikation bzw. Interaktion).

Liegt das Problem beim Gegenüber, so bieten sich folgende Verhaltensweisen an:

1. Aufmerksamkeit als wortlos demonstrierte Annahme; Vermeidung von Kommunikationssperren;
2. Benützung einfacher Türöffner („Aha!" „Ich verstehe");
3. passives Zuhören und Nichteinmischung als Zeichen der Akzeptanz (Vermeidung von Kommunikationssperren);
4. Spiegeln als Grundlage des aktiven Zuhörens (nach Gordon).

Insbesondere den sogenannten ´Türöffnern´ kommt beim Entspannen von beginnenden konfliktträchtigen Kommunikations- oder Interaktionssituationen eine große Bedeutung zu. Sobald Sie den Eindruck haben, dass sich ein Konflikt anbahnt, beschreiben Sie kurz in sachlicher Weise das anstehende Problem. Danach bieten Sie einen „Türöffner" an. Gordon nennt drei ´Türöffner´:

1. „Mögen Sie darüber sprechen?
2. Mich würde interessieren, was Sie darüber denken?
3. Das hört sich so an, als hätten Sie eine bestimmte Meinung dazu?"

(Gordon)

Solch ein Türöffner signalisiert dem Gegenüber das Interesse an seiner Sichtweise. Dies bewirkt i.d.R. ein positives Gefühl. Die jeweilige Person fühlt sich respektiert und ist nun mitverantwortlich für das nachfolgende Gespräch.

3.9 Gesprächsformen

Im privaten wie im beruflichen Bereich bieten sich verschiedene Gesprächsformen an. Diese richten sich nach den mit ihnen erreichbaren sowohl inhaltlichen als z.B. auch ´erzieherischen´ Ziele. Sie gliedern sich gemäß der an die Gesprächsform gestellten Anforderungen bzw. einzuhaltenden Regeln.

- **Offenes Gespräch:** Es stellt mehr eine Unterhaltung dar. Diese Form kann sowohl in Paar- oder Gruppenkonstellation eingesetzt werden. Grundlegende Regeln dabei sind z.B.: „Jede(r) erzählt von sich!", „Jede(r) berichtet so kurz als möglich!", „Wir hören einander zu!", „Jede(r) lässt die erzählende Person aussprechen!". Für das Verdeutlichen der Erzählzeit in Gruppen sollte gut sichtbar z.B. eine Glaseieruhr mit einer Dauer von einer oder zwei Minuten aufgestellt werden.
  Auch das freie Sprechen z.B. im kleinen Kreis oder der Gruppe will erfahren bzw. geübt werden. Dies ist auch eine Chance für sonst eher ruhige, in sich gekehrte Personen. Je nach individueller Gestimmtheit

begreifen dies Menschen durchaus zum einen als eine Herausforderung und zum andern können sie sich damit präsentieren. Sie können in der vereinbarten bzw. vorgegebenen Zeit alles ohne Unterbrechung erzählen. Nach dem jeweiligen Erzählen wird dieser Beitrag z.B. kurz beklatscht und von der Moderations- oder Leitungsperson gewürdigt.
Bei Seminaren, die nach TZI geleitet werden, ist ein Morgen- und Abendkreis Tradition. Zum einen kann jede(r) im Kreis seine aktuelle Befindlichkeit oder einen persönlichen ´Rest´ vom Vortrag einbringen. Zum andern ermöglicht der Abendkreis Rückmeldungen sowie den Abschluss des gemeinsamen Arbeitens während des Tages.
Auch im Kindergarten- oder Grundschulbereich wird oft der Morgenkreis zu Beginn eines gemeinsamen Tages praktiziert: Etliche Kinder können so berichten, was ihnen ´auf dem Herzen´ liegt. An einigen Institutionen findet ein offenes Gespräch statt zu Beginn einer Woche: „Wie ist jede(r) von euch heute hier?", „Was erwartet jede(r) für diese Woche?" oder am Ende einer Woche: „Was war in dieser Woche wichtig für mich?"

- **Offener Dialog:** Diese Gesprächsform knüpft an die ´Regeln´ des offenen Gesprächs an. Er ist eine erweiternde Variation. Wieder erzählt oder berichtet eine Person aus ihren Erfahrungen, z.B. vom Vortag nach der Arbeit (z.B. Schule), vom Wochenende oder einem Ferienabschnitt. Wiederum sollte eine Gesprächszeit vorgegeben werden: Jetzt sind mindestens drei Minuten je Person einzuplanen. Im offenen Dialog kann die erzählende Person von anderen Beteiligten befragt werden. Als ´Leitidee´ für Fragen sind die ´W-Fragen´ hilfreich. Die Erzählung, die Fragen und jeweilige Antworten sollen so kurz wie möglich sein.
  Der offene Dialog fordert die erzählende Person eher dazu auf, z.B. etwas Interessantes oder Spannendes zu berichten. Bei den Zuhörern ist ein genaues Zuhören erforderlich, um dann ggf. eine passende Frage zu stellen. Jede erzählende Person lernt so nahezu auf spielerische Weise zum einen gestellte Fragen zu interpretieren und zum andern darauf stimmig zu antworten. Der offene Dialog ist im Verbalen ähnlich einem ´Ping-Pong-Spiel´. Wiederum wird nach jeder Sequenz als Würdigung des Beitrags z.B. geklatscht.
- **Gelenktes Gespräch:** Im gelenkten Gespräch nimmt die dieses moderierende oder leitende Person eine zentrale Rolle ein. Inhaltliche bzw. fachliche Fragen oder Impulse gehen überwiegend von der Leitung aus. Daher wird diese Gesprächsform oft auch ´fragend-entwickelndes Ge-

spräch´ genannt. Meistens geht es bei dieser Gesprächsform um das Klären bzw. Erarbeiten von Sach-, Problem- oder Sinnzusammenhängen. Dazu wird zunächst bestehendes Vorwissen abgerufen bzw. geklärt. Aufbauend auf der Sicht der anwesenden Personen stellt die das Gespräch lenkende Person an die Gruppe oder einzelne Personen daraus gezielt sachlogische Fragen, die sich am zu erarbeitenden Thema und dessen Struktur orientieren: Sie fordert dabei sowohl zum Mitdenken als auch in den jeweiligen Antworten zum sachlichen Argumentieren auf (sokratisches Gespräch). Lern- und bildungswirksam wird diese anfängliche Lenkung erst, wenn die ursprünglich ´nur´ Reagierenden z.B. in Kleingruppen mit dieser ´Methode´ ähnliche Themen bzw. Inhalte selbständig, z.B. projektartig be- und erarbeiten können.
Für ausbildende oder berufliche Bereiche wird somit deutlich, dass diese Gesprächsmethode hohe Anforderungen stellt z.B. an den Intellekt (u.a. logisches Schließen, fachliches Vorstellungsvermögen), Fähigkeit zur Selbstorganisation sowie den Umfang (u.a. vernetztes Wissen) und die fachliche Tiefe des abrufbaren bzw. aktivierbaren Vorwissens.
Es gibt jedoch eine Modifikation dieser Gesprächsform, die durchdacht und passend eingesetzt, es in geeigneter Sprache ermöglicht schon z.B. Kindern komplexere Inhalte zugänglich zu machen: Es ist die Methode des ´lauten Denkens´.
Damit kann diese Gesprächsform dazu genutzt werden, um zum einen Sachinhalte und zum andern dazu stimmig eine oder mehrere fachlich korrekte Denkweisen zu verdeutlichen: In dieser Form stellt sich die Fachkraft in rhetorischer Weise selbst sukzessive die entscheidenden inhaltlichen Fragen und beantwortet diese dann jeweils nach einer kurzen Pause mit besonderer Intonation und betont langsamer als sonst üblich selbst (lautes Denken). Dabei kommt dem Blickkontakt, der Zuwendung zu den Hörenden und einer diesen angepassten Sprache besondere Bedeutung zu.
Im Kindergarten oder der Grundschule bietet sich für das ´laute Denken´ eine Stoffpuppe an: Diese übernimmt sozusagen die Rolle des ´Gesprächspartners´ der Fachperson. So können durch die Stoffpuppe z.B. auch witzige, freche oder kritische Fragen bzw. Antworten ´genannt´ werden. Dies lockert nicht nur auf, sondern aktiviert auch das je eigene Denken, u.a. das Vorstellungsvermögen. Damit kann dieses ´laute Denken´ inhaltlich kindgerechte Zugangsweisen eröffnen. Die Stoffpuppe kann z.B. für den Umgang miteinander im Gespräch durchaus auch Vorbildfunktion haben.

- **Freie Diskussion:** Eine freie Diskussion wird über ein zuvor vereinbartes Thema, oder in der Schule zu einem bestimmten Inhalt geführt. Bei der freien Diskussion ist besonders auf die Einhaltung der drei Gesprächsregeln: Wahrheitsvermutung, Gesprächsdisziplin und Sachlichkeit zu achten. Bei einer größeren Gruppe sollte an eine die Diskussionsrunde moderierende Person gedacht werden. Diese hat die Aufgabe auf das Einhalten der Regeln zu achten. Bei jeder Diskussion ist es hilfreich, die Redebeiträge auf maximal zwei Minuten zu begrenzen. Hierzu sollte im Plenum eine Person die Zeitwächterfunktion (z.B. Klatschen, Klingel) übernehmen.
  Eine mögliche Alternative stellt das Arrangement „Vier Stühle" dar. Es bietet einen Ansatz, eine Diskussion mit Hilfe einer organisatorischen Regel zu steuern. Die Vorgehensweise bzw. organisatorische Regel muss zu Beginn erklärt werden. Alle Beteiligten sitzen in einem Stuhlkreis. Innerhalb des Kreises stehen vier Stühle. Alle Beteiligten beschäftigen sich zunächst einzeln mit dem zu diskutierenden Thema, um eine eigene Sichtweise und dazu passende Argumentationen zu finden (ca. 10 Min). Dann setzen sich drei Personen auf drei der Stühle im Kreis. Der vierte Stuhl bleibt zunächst frei. Die drei Personen im Kreis beginnen die Diskussion. Nach etwa zwei oder drei Minuten wird der vierte Stuhl freigegeben. Jetzt kann jeweils eine Person aus dem Kreis sich auf den freien Stuhl setzen und in maximal zwei Sätzen einen eigenen Gedanken, eine Frage oder ein eigenes Argument in die dreier Sitzrunde einbringen. - Eine Alternatve wäre, dass die neu hinzugekommene Person im Kreis verbleibt und nach etwa fünf Minuten eine schon vorher im Kreis sitzende Personen diesen verlässt. - Die Diskussionszeit sollte etwa 20 Minuten betragen.
  In einer freien Diskussion kann ein Austausch recht lebhaft sein. Ein Ziel ist es, sich innerhalb einer Gruppe zu einem Thema austauschen zu können, um so z.B. mehr Sichtweisen und Einsichten bzw. Perspektiven sowie unterschiedliche Argumentationen zu erfahren.
  Im pädagogischen Bereich können z.B. schon ältere Kindergartenkinder oder Grundschulkinder bei passenden Themen sowohl in Kleingruppen als auch im Großgruppenverband freie Diskussionen führen, zunächst unter Moderation der pädagogischen Fachkraft. Auch das eigene Denken und argumentative Vortragen der eigenen Sichtweise sowie das Einhalten von Gesprächsregeln können Ziele sein. Die Zeitwächterfunktion übernehmen i.d.R. jeweilige Kinder gerne und achten erfahrungsgemäß genau auf deren Einhaltung. Die Methode der „Vier Stühle"

ist schon früh einsetzbar und bezieht besonders die individuelle Entscheidung, sich einbringen zu wollen mit ein.

- **Gelenkte Diskussion bzw. Debatte:** Diese Form kennen i.d.R. Heranwachsende oder Erwachsene aus der Arbeit von Parlamenten oder Vereinsversammlungen. Es gibt dort eine Geschäftsordnung, die die gültigen Formalia regelt, eine Tagesordnung sowie eine die Sitzung leitende Person. Ziele sind neben dem Besprechen von Themen vor allem das Fassen von Beschlüssen. Der Ablauf und das Prozedere bei Abstimmungen sind genau geregelt.
  Im pädagogischen Bereich dient diese Gesprächsform dem Einüben und Training formalisierter Kommunikationsformen. Anwendung findet die Debatte z.B. ab der Klasse 5 (Sek I) im Klassenrat.

  Eine Modifikation der gelenkten Diskussion ist die „Moderation". Sie stellt eine visuell unterstützte formale Leitung von Gesprächsprozessen unter Einbezug aller Beteiligten dar. Auch sie beinhaltet verbindliche formale bzw. organisatorische Vorgaben. In einer Moderation finden gezielt jedoch i.d.R. mehr Gruppenprozesse statt, z.B. steht die ´Konferenz´ oder der Austausch unter einem General- bzw. Oberthema. Es folgt dann z.B. ein Vorgehen nach der Metaplanmethode: Die Beteiligten bilden zu Beginn Kleingruppen und beraten ihre Sichtweisen, Argumente sowie für sie interessante Unterthemen. Diese halten sie stichwortartig auf meist mehreren farbigen Kärtchen fest und bringen sie als Gruppe oder Individuen ins Plenum ein. Die Kärtchen werden an Pinnwänden gesammelt. Die Leitungs- bzw. Moderationsperson clustert diese dann in Absprache mit den jeweiligen Beteiligten. Über die Relevanz für diese Sitzung entscheiden alle Beteiligten, indem sie jedem Cluster dessen Thema oder Themen sie bearbeiten wollen z.B. einen Klebepunkt zuteilen. Durch die zugeordnete Punktzahl ergibt sich dann die Reihenfolge der Themenbearbeitungen.
  Ein Merkmal der ´Moderation´ ist das stärkere Einbeziehen der Beziehungsebene.

4.0 Meine Sprache wirksam gestalten

Jeder Mensch, so auch Sie und ich, bringt in einen Kommunikations- bzw. Interaktionsprozess mit anderen Menschen alle bisher gemachten Erfahrungen und kommunikativen Fähigkeiten ein. Von klein auf hat jede(r) von uns die in der jeweiligen Umwelt z.B. praktizierten sprachlichen Äußerungen aufgenommen, ausprobiert, modifiziert, angepasst und weiter entwickelt. Auch ich wollte anerkannt, gesehen werden und Zuwendung sowie Zugehörigkeit erfahren. So entwickelte ich nach und nach die Persönlichkeit, die ich bis heute geworden bin. Auch hat jede(r) von uns gelernt, sich rollensensibel zu verhalten. Dies wird oft als Fähigkeit zu „Rollendistanz" bezeichnet. Rollendistanz ist die Fähigkeit, um die kulturellen, situativen und „gesellschaftlich bedingten Erwartungen an eine bestimmte Rolle zu wissen, diese zu thematisieren und kritisch zu reflektieren und mit diesem Wissen die individuelle Ausgestaltung der Rolle auszuführen. Die Interaktionspartner, bzw. Rollenpartner, teilen kulturell bzw. gesellschaftlich definierte Bedeutungssysteme, die ihnen anzeigen, welche Verhaltensweisen in einer Rolle" (Budde) auch in der Sprache relevant sind. In einer Interaktion achten wir meist unbewusst auf die nonverbale Sprache unseres Gegenübers. Ebenso richten wir unsere volle Aufmerksamkeit bei einem uns wichtigen oder bedeutungsvollen Kontakt auf die Äußerungen und Sprachnuancen unseres Gegenübers. Wir wollen in einer solchen Gesprächssituation ja die möglichen Einstellungen, Haltungen, Erwartungen und bestehenden Möglichkeiten des Gegenüber ergründen und einbeziehen. Je bedeutsamer wir die Gesprächsperson empfinden, um so eher stellen wir uns auch meist unbewusst mental auf sie ein, indem wir die Perspektive der anderen Person einnehmen können. Dies gilt selbstverständlich auch in umgekehrter Richtung: Es ist ein Phänomen, dass sich Menschen in ihren Interaktionen aufeinander ´einschwingen´ können, d.h. sich selbst aus der Perspektive der anderen Person zu sehen in der Lage sind. Diesen Prozess ermöglicht maßgeblich die Sprache; denn wir denken bzw. reflektieren mental in Netzwerken von Begriffen. „Sprachliches Handeln ist ein reflexives sprachliches Handeln. ... Reflexion über Sprache trägt dazu bei, sich über Bedeutung und Verständnis und zu Einstellungen mit anderen auszutauschen und so ein gemeinsames Verständnis zu gewinnen." (Budde) Hierdurch wächst nicht nur das eigene Sprachverständnis, der Wortschatz, und die Fähigkeit des Argumentierens sondern auch das situations- und partnerbezogen passende Sprachverhalten. Ein wichtiges Element in Kommunikations- bzw. Interaktionsprozessen ist die Fähigkeit der Ambiquitätstoleranz. Diese besagt, dass es beim interaktiven Zusammentreffen von Menschen mit z.B. verschiedenen Interessen für ein Mitgestalten entscheidend ist, sich der verschiedenen, teilweise widersprüchlichen und gegenläufigen Motive und Bedürfnisse der Interaktionspartner bewusst zu sein und diese zu respektieren (vgl. Butte). „Ambiguitätstoleranz kann in einer Situation mit vorherrschenden Interessenkonflikten zu gegenseitigem Verständnis beitragen und eine friedliche Lösung ermöglichen.“ (Budde) In einer jeweiligen Kommunikations- bzw. Interaktionsweise spiegeln sich zum einen jedes Menschen mentale Haltung als auch seine aktuelle psychische Gestimmtheit wieder.

4.1 Elemente meines Sprachhandelns erkennen und verändern

In einem vorausgehenden Abschnitt habe ich darauf hingewiesen, dass eine verbal verständliche Sprache eines überschaubaren Satzbaus und einer klaren Artikulation bedarf. Dabei ist zu unterscheiden zwischen Alltagssprache und sach- oder fachlich orientierter Sprache. Letztere weist eher Merkmale der Schriftsprache auf.

Eine verständliche verbale Sprache sollte neben den obigen Merkmalen auch solche wie z.B. eine klare Struktur, bildhafte Elemente und der Argumentation unterlegte Fakten bzw. Daten aufweisen. Unterschiede zur Schriftsprache finden sich meist darin, dass die verständliche verbale Sprache kürzere Sätze und damit einen einfacheren Satzbau aufweisen sollte. Eine verständliche Sprache ist eine auf die Hörenden gerichtete Sprache. Sie bezieht nur so viele abstrakten Inhalte ein, wie die Hörenden einer Botschaft mit hoher Wahrscheinlich auch verstehen (Adressatenbezug). Daher arbeitet verständliches Sprechen mit Metaphern oder bildhaften Elementen, dem deutlichen Aufzeigen inhaltlicher Beziehungen und einer klaren Struktur. Letzteres kann unterstützt z.B. durch advance organizer oder Grafiken erfolgen.

Das eigene Sprachbewusstsein wächst und verändert sich durch das eigene kommunikative Tun. Daher ist es z.B. bedeutsam, sich auf ein (wichtiges) Gespräch oder einen Vortrag vorzubereiten:

- Wen will ich ansprechen?
- Was will ich sagen?
- Wie will ich es sagen?
- Was will ich mit meinen Aussagen bewirken?
- Wie kann ich mich mental auf das Gespräch vorbereiten?

diese Fragen können situativ ergänzt werden durch:

- Wann spreche ich?
- Was weiß ich über mein(e) Gegenüber?
- Was dürfte besonders intessant an meinen Aussagen sein?
- Wodurch kann ich die Aufmerksamkeit auf meine Aussagen lenken?
- Welche Hilfsmittel (z.B. Unterlagen, Medien) benötige ich?

Anregungen zu ergänzenden Fragen bieten die verschiedenen Kommunikationsmodelle.

Die Sprachpyramide von Pabst-Weinschenk gibt sowohl Anregungen als auch einen Überblick, worauf sonst noch zu achten ist. Siehe auch vorausgegangene Kapitel, z.B. zu Körpersprache:

Der Pfeil von Wortsprache zu Sprechausdruck zeigt, dass diese eng aufeinander bezogen sind.

Das Nachdenken über diese Fragen und das kommunikative Erproben schafft Erfahrungen und verändert sukzessive mein eigenes kommunikatives Bewusstsein und damit meine Sprachkompetenz. „Formulierungen und Sprachmuster drücken nicht nur Gedanken aus, sie bieten auch die Möglichkeit, die innere Haltung gezielt zu verändern". (Segel) Vorbereiten umfasst auch das Antizipieren der erwarteten Situation und das Gewinnen eines Eindrucks des je eigenen Sprechens: Das bedeutet, dass ich z.B. für und vor mir selbst meine angedachten Aussagen vortrage (interner Monitor).

Ergänzend zum Kapitel „Körpersprache" und zur Grafik soll noch auf das „Verhalten im Raum" bzw. das Bewegungsverhalten in einem Gespräch bzw. einem Vortrag eingegangen werden, da dies ebenfalls ein Teil des individuellen nonverbalen Verhaltens ist. Ein erster Eindruck entsteht gerade auch durch mein Verhalten im Raum:

„Welches Raumverhalten praktiziere ich oft?",
„Ist bzw. wäre dies aktuell und situativ stimmig?"
„Wie kann ich mein Raumverhalten passend verändern?"

Brinker/Sager und Schober bezeichnen das Raumverhalten als „kinesisches Display". „Dieses umfasst drei große Bereiche: Die Motorik (die Bewegung des Gesichts, der Arme und Hände sowie die von Kopf und Rumpf), die Taxis (die Blick-, Kopf- und Rumpforientierung), die Haptik (die Berührungen des eigenen Körpers sowie des Sozialpartners) und die Lokomotion (das Regulieren der Distanz durch die Veränderung des Standorts)."

4.1.1 Füllwörter und Modalpartikel

Etliche Menschen entwickeln mit der Zeit sprachlich hörbare Auffälligkeiten. Dies geschieht durch z.B. den Einschub von Modalpartikeln. Diese verändern meist ´subtil´ unbewusst die jeweilige Aussage.

⇨ Modalpartikel finden sich im Mittelfeld eines Satzes, z.B. „Er wird **ja** hoffentlich daran gedacht haben." Mit und ohne den Modalpartikel bleibt der Wahrheitsgehalt eines Satzes gleich. Modalpartikel dienen meist zum Einbinden einer Äußerung in einen Interaktionszusammenhang (vgl. Wikipedia). Sie können verschiedene Wirkungen haben, z.B. „ja" (Staunen, Warnung), „denn" (negative Überraschung), „doch" (Vorwurf, Rechtfertigung), „wohl" (Unsicherheit), „bloß" (Warnung). Beispiele für Modalpartikel sind: Eben, also, doch, vielleicht, eigentlich, schon, rein, eh, ja, denn, mal, usw. z.B. „Was ist das **denn**?", „Kannst du mir **mal** helfen?", „Was ist **da** schon dran!", „Du kommst **doch**?".

Zu den sprachlichen Auffälligkeiten gehören auch sogenannte „Füllwörter", z.B. „sozusagen", „äh", „gut". Sie sind meist ein Zeichen von Unsicherheit. Die sprechende Person füllt damit eine kleine Pause bis zu ihrem nächsten Satz. Dies verzögert den Gesprächsfluss für Zuhörende.

4.1.2 Wörter, die es zu vermeiden gilt

Bestimmte meist unreflektiert gebrauchte Wörter stellen ebenfalls hörbare Auffälligkeiten mit spezifischen Wirkungen sowohl auf die sprechende als auch die hörende Person dar (Wechselwirkungen zwischen Denken ⇔ Sprechen ⇔ Handeln). Sie entfalten psychische Wirkungen bei den am Gespräch Beteiligten.

Eines der sprachlichen Auffälligkeiten ist das Wort **„müssen"**. Die Wortfamilie „müssen" drückt einen Zwang oder Druck aus. Dies vor allem dann, wenn das damit Gemeinte in der Zukunft liegt, z.B.: „Nächste Woche **muss** ich **noch** das Auto waschen."

Auch in einer aktuellen Situation sind Synonyme besser geeignet, z.B. statt „Ich muss diesen Bericht fertigstellen!" ist es besser zu sagen „Ich bin ver**pflicht**et, diesen Bericht fertigzustellen." oder „Es ist **not**wendig, dass ich diesen Bericht fertigstelle.". Synonyme sagen dasselbe aus, jedoch mit einer gefühlsmäßig anderen Wertigkeit. Dies trifft erst recht auf eine in der Zukunft liegende Handlung zu, z.B. „Nächste Woche muss ich diesen Bericht fertigstellen!" besser ist: „Nächste Woche **werde** ich diesen Bericht fertigstellen." Das „werde" drückt in der Zukunft Liegendes aus und damit das Gefühl: „Ich habe noch Zeit und kann noch passend Planen!", Zwang und Druck sind weg oder zumindest geringer.

Häufig lässt sich ein „Müssen" auch durch ein **„Wollen"** ersetzen: Dieses „Wollen" beinhaltet „Wille", also eine persönliche Entscheidung und drückt Aktivität und Handlungsfähigkeit aus im Sinne von z.B.: „Ich kann das!" bzw. „Ich schaffe das!", bzw. „Diese Herausforderung kann ich bewältigen!" Allein das Verwenden des Wortes „wollen" verändert das eigene Denken: Sprache und Denken hängen eng zusammen und wirken wechselseitig. Erproben Sie das Verwenden der Synonyme, des Futur 1 und des Umdeutens z.B. in „Wollen". Fühlen Sie der jeweilige Wirkung der Aussage nach.

Das Wort **„nicht"** soll i.d.R. eine Negation oder Verneinung ausdrücken. Zahlreiche Menschen verwenden das Wort „nicht" in einem Fragesatz ohne eine Verneinung zu meinen. Sie gehen beim Fragesatz in der Tonlage am Ende des Satzes nach oben, z.B. „Ist das **nicht schön**?", „War das **nicht toll**?". Aussagekräftiger wäre dieses Gefühl „schön" bzw. „toll" in einem Aussagesatz zu sagen: „Ist das **schön**!" bzw. „War das **toll**." (Die Stimme wird am Satzende tiefer.). Sie haben damit eine persönliche Stellungnahme ausgedrückt. Sind Sie unsicher, wie z.B. das vorausgegangene Erlebnis für die Sie begleitende Person war, dann signalisieren Sie mit dem Fragesatz: „War das **schön**?" Ihr Interesse an einer stellungnehmenden Botschaft Ihres Gegenüber. Es kann je nach Intonation auch ein ´Ausrufesatz´ sein: „War **das** schön!". Hiermit drücken Sie Ihr Gefühl aus ohne Erwartung einer Antwort.

Was drückt dieses "... nicht schön!" unbewusst zusammen mit der Frageform aus? In keinem Fall ist eine Verneinung gemeint, vielmehr signali-

siert eine so sprechende Person, dass sie auf Zustimmung hofft, sich derer jedoch unsicher ist. Sie vermeidet eine eindeutige Ich-Aussage mit der sie vielleicht angreifbar wäre.
Bei kleinen Kindern, so um die drei bis vier Jahre alt, kommt ein Aufforderungssatz z.B. „Geh nicht weiter!“ ganz fatal anders an, nämlich als „Geh ~~nicht~~ weiter!“. Das Wort „nicht“ entfällt. Das „nicht“ trifft auf eine ´Leerstelle´ im altersbezogenen individuellen Sprachverständnis. Die Folge bei meinen Enkelkindern in diesem Alter war, als ich solche Sätze mit „nicht“ verwendete, dass sie genau das Gegenteil meiner Aufforderung taten z.B.: Statt ´nicht´ so schnell zu rennen, rannten sie schnell weiter.
Dieses Problem des ´nicht´ kennen Sie wahrscheinlich: In einer Notsituation, in der sich jemand z.B. durch das Weitergehen in Gefahr bringt, rufen Sie: „Bleiben Sie stehen!“ bzw. „Bleiben Sie sofort stehen!“ oder “Peter, bleib stehen!“. Warum vermeiden Sie: „Gehen Sie nicht weiter!“? - Von Stockert nennt den Grund: „Negationen sind hoch abstrakte, logische Operationen. Nur Teile der linken Gehirnhälfte verstehen sie überhaupt. ...“. In Extremsituationen hat unser Gehirn keine Zeit mehr zum Nachdenken, sondern muss sofort auf eine passende Aktivität umschalten: Ihr und mein Erfahrungsgedächtnis wird innerhalb von Millisekunden aktiv und veranlasst Schutzreaktionen. Für ein verständliches Kommunizieren ist entscheidend, das Gewollte bzw. Gewünschte klar auszusprechen und damit eine verständliche, deutliche Botschaft zu senden.

Eine weitere sprachliche Auffälligkeit bei vielen Menschen ist der Gebrauch des Wortes **„aber“** in ihren Botschaften. Was hat es bedeutungsmäßig mit dem Wort „aber“ zu tun? In Sprachlexika finden sich dazu Hinweise: Mit „aber“ als Nebensatzbeginn bildet eine nachfolgende Aussage einen Gegensatz zum vorher Gesagten, z.B.: „Ich kenne das nicht, aber frage dazu Karin!“.
„Aber“ kann eine vorausgehende Aussage auch einschränken, z.B.: „Das war unpassend, **aber** noch verzeihlich!“. Alltagssprachlich kann das Einfügen von „aber“ auch als eine Bestärkung oder Aufforderung wirken. In diesen Sätzen steht das „aber“ mitten im Satz, z.B.: „Das hast du **aber** toll gemacht!“ oder „Auf, auf, jetzt wird es **aber** Zeit!“

Bei etlichen Menschen ist ein häufigeres Verwenden des Wortes **„man“** anzutreffen, z.B.: „Das macht **man** nicht!“ oder „In manchen Situationen ist **man** eben nervöser.“ Das Wort „man“ ersetzt die klare Zuordnung, z.B. „ich“ oder „wir“ bzw. „du“ oder „ihr“. Das Wort „man“ ist ein Indefinitpronomen. Es wird als unbestimmte Stellvertretung für ein Nomen verwendet. Es spricht niemanden direkt an, sondern ´irgendjemand´ oder ´irgendwelche Personen´. Die Aussage bleibt im Unverbindlichen. Das Fatale beim Verwenden von „man“ als Subjekt ist, dass es auch in nachfolgenden Sätzen wieder verwendet werden muss.

In ähnlicher Weise verwenden viele Menschen das Wort **„wir“**, z.B. gegenüber einer Gruppe: „Wir sollten bis zum (Datum) diese Aufgaben ... erledigt haben.“ Es stellt sich die Frage, sprechen Sie die Gruppe als ganzes an oder sprechen Sie in unpersönlicher Form in die Gruppe in der Hoffnung, dass sich alle angesprochen fühlen? Dazu kommt noch das unbestimmte Wort „sollten“.

⇨ Hinweis: Von einer Plenumsssituation ist ab einer Anzahl von ca. 12 bis 15 Personen zu sprechen (Großgruppe).
Arbeitsteams umfassen i.d.R. drei bis acht, in Ausnahmen auch bis 10 Personen (Kleingruppe).

Zu bedenken ist: Liegt für z.B. ein bestimmtes Arbeitsteam ein spezifischer Auftrag vor oder verwenden Sie das Wort „wir“ in einem Vortrag vor einem bunt zusammengesetzten Personenkreis, z.B.: „Es ist uns allen hoffentlich einsichtig, dass wir ... schnellstens ... tun sollten.“ Bei ersterem handelt es sich um eine für einen bestimmten Auftrag zuständige überschaubare Zahl an Personen, bei letzterem sitzt ein Vielzahl von Menschen in einem Plenum vor Ihnen. Beim Arbeitsteam ist klar, dass jedes Mitglied mit seinen spezifischen Kenntnissen und Fähigkeiten aufgefordert ist, sich bestmöglich in das Be- oder Abarbeiten des Auftrags einzubringen. Bei der Plenumssituation ist damit zu rechnen, dass bei etlichen Personen der ´Haken´ sowohl bei der Einsicht als auch beim Sichangesprochenfühlen liegt.

Vor allem in der Plenumssituation ist das begründete Einbringen der je eigenen Sichtweise wichtig, z.B. „Ich sehe das ... .“ oder auf Fakten bzw. Daten bezogen, z.B. „Diese Fakten/Daten ... lassen für mich ... (begründete Schlussfolgerungen) zu.“ oder „Ich sehe aufgrund der Daten ... folgende Erfordernisse ...“ (Aufzählung, visuelle Projektion). „Wer arbeitet bei ... mit?“.

Ist ein Thema aus einem Plenum heraus zu bearbeiten, bietet sich das Vorgehen mit der Metaplanmethode an: Thematische Gruppenbildung mit dann klarem Gruppenarbeitsauftrag und z.B. Einbringen jeweiliger Ergebnisse ins Plenum mit dem Ziel sowohl des Besprechens von Zwischenergebnissen als auch des Abstimmens darüber oder ggf. der thematischen Weiterarbeit.

Grundsätzlich sollte bei einer bestimmten Wortwahl darauf geachtet werden, welche Elemente im Wort enthalten sind, z.B. „**ent**-spannen", „**Bomben**-stimmung", „fest-**nageln**". Dies gilt auch für sogenannte Redensarten, z.B. „Jemanden auf die **´Folter´** spannen.", „Die ´Nase´ **voll** haben.", „Jemanden auf den **´Geist´** gehen.", „Jemanden auf ein **´Pulverfass´** setzen.", „Etwas oder jemand zu **´Kleinholz´** machen." In solchen Sätzen steckt ein gerüttelt Maß an oft unbewusstem Aggressionspotential.

4.1.3 Nebensätze

In einem verständlichen Satz sollte z.B. der „Grund" einer Aussage immer vor der „Folge" stehen, z.B. „Das Auto ist defekt. Ich muss mit dem Bus fahren". Sätze mit **„weil"** sind Nebensätze. In ihnen sind „Grund" und „Folge" vertauscht: „Ich muss mit dem Bus fahren, weil das Auto defekt ist." Ähnliches findet sich auch beim Wort **„denn"**, z.B. „Ich fahre heute mit dem Bus; denn das Auto ist defekt." eindeutig ist stattdessen: „Das Auto ist defekt. Ich fahre heute mit dem Bus."
Auch mit **„nämlich"** oder **„da"** findet oft eine Umstellung von ´Grund´ und ´Folge´ statt, z.B. „Ich fahre heute mit dem Bus, das Auto ist nämlich defekt." oder „Ich fahre heute mit dem Bus, da das Auto defekt ist." Eine verständliche Sprache weist auch einen verständlichen Satzbau auf. Das Verstehen wird erleichtert bzw. erhöht, wenn zuerst der ´Grund´ für etwas und dann dessen ´Folge´ benannt wird.
Nebensätze erschweren beim Hörenden die rasche Aufnahme einer Information. Zwischen jeweiligen Hauptsätzen sollte für ein besseres Verständnis eine kurze Pause sein, z.B. „Das Auto ist defekt!" (kurze Pause, Atmen) „Ich fahre heute mit dem Bus!". Durch die Pause kann eine hörende Person die Information gedanklich verarbeiten und im Kurzzeitgedächtnis speichern: Informationen sind häppchenweise besser verarbeitbar und merkbar, was ein konstruierendes Zuhören und damit ein besseres Verstehen fördert.

4.1.4 ´Höflichkeits´-Konjunktiv

Der Konjunktiv I wird meistens in Schriftformen bei indirekter Rede angewendet, z.B. „Herr Karl sagt, er **habe** sich noch nie so wohl gefühlt.", oder „Karin sagt, dass Peter gegangen **sei**." Hier hat der Konjunktiv I auch seinen Sinn.
Sätze mit dem Konjunktiv II machen Sinn, wenn der Konjunktiv I unpassend ist, z.B.: „Der Chef sagt, wir **müssten** das nochmals genau durchtesten." Der Konjunktiv II macht dann Sinn, wenn zurzeit etwas

unmöglich ist oder auch in der indirekten Rede, z.B.: „Ich **wünschte**, ich **hätte** schon Ferien.“. Mit ihm werden Träume, angenommene Sachverhalte, irreale Wünsche und Hoffnungen ausgedrückt, d.h. Dinge, die real nicht existieren, z.B.: „Es **wäre** doch toll, wenn ich auch so ein rassiges Auto hätte.“ Mit dem Konjunktiv II können auch vorsichtige bzw. unverbindliche Anfragen oder Aussagen vorgebracht werden, z.B.: „**Wären** Sie so freundlich dass Fenster zu schließen?!“ oder „Ich würde sagen, ...“
Oft wird dieser auch als eine Art der Höflichkeit gesehen. Hier ein Beispiel: „Frau Sörensen **wären** Sie so freundlich und holten Sie mir vom Schreibtisch die ... Unterlagen?“ Ist diese Äußerung eines Vorgesetzten an eine Mitarbeiterin der Form nach höflich? Der Satz enthält keine klare Bitte. Er kann auch als ´vorgeschobene´ Freundlichkeit bzw. eine versteckte Aufforderung bzw. Anweisung (ohne Bitte) verstanden werden. Klarer und höflich wäre: „Frau Sörensen, ich brauche gleich die ... Unterlagen. Bitte holen Sie mir diese von meinem Schreibtisch.“
Eine besondere Form des Konjuktiv II ist die „würde-Form“, z.B.: „Ich **würde** ja gerne kommen, aber ... .“, oder „Wenn ... , dann **würde** ich mitgehen.“ Dies sind Aussagen, die an Bedingungen geknüpft sind. Der folgende Satz drückt eine Hoffnung aus: „Ich **wäre** hoch erfreut, **würde** ich einmal im Lotto gewinnen!“ Das Wort „wäre“ drückt hier eine Möglichkeit aus. Das Wort „würde“ ist eine Wunschvorstellung und tritt möglicherweise nie ein: Die diesen Satz sagende Person spielt z.B. gar nicht Lotto wegen der geringen Gewinnchancen.

4.1.5 Aktivsätze statt Passivsätze

In jedem Gespräch sollten die miteinander sprechenden Personen immer genau zuhören; denn es gilt sowohl die inhaltliche Aussage als auch diejenige im Satzbau bzw. der Satzart ´versteckte´ Botschaft zu hören und zu erkennen. Wie schon Schulz von Thun sowie auch Berne u.a. sagen werden mit der individuellen Sprache mehr Informationen über die sprechende Person geliefert. Diese meist unbewusst ´mitschwingenden´ Informationen sagen viel über die innere Haltung der sprechenden Person aus. Diese Haltung ist jedoch ein wesentliches Element der Steuerung von individuellen Wahrnehmungen und Handlungsoptionen eines Menschen (siehe Talmutspruch).
In einem Aktivsatz ist der jeweils handelnde Mensch als Person präsent: Es ist erkennbar, wer handelt. „Ich habe die gemeinsame Küchenzeile im Büro gesäubert und die Tassen aufgeräumt.“ In Aktivsätzen steht die jeweils handelnde Person im Vordergrund. Durch ihre Aussage bezieht

sie zugleich Position. Dies wird noch verstärkt, wenn diese Person z.B. gegenüber anderen mit Namen benannt wird, z.B.: „Peter hat die Unterlagen für unsere heutige Sitzung vorbereitet. Vielen Dank dafür!“ Hier wird der Arbeitseinsatz eines Menschen für eine gemeinsame Sache hervorgehoben und gelobt. Schon die reine Information bewirkt eine Anerkennung; denn der Einsatz ist gesehen worden.

Es gibt zwei Passivformen, den Zustandspassiv und den Vorgangspassiv. Die folgenden Passivsätze sind der Form „Zustandspassiv“ zugeordnet.

Wie sieht dies bei so oft meist unbewusst gebrauchten Passivsätzen aus? Ich beziehe mich auf zuvor genannte Beispiele: Vor dem Beginn der eigentlichen Sitzung gibt die sitzungsleitende Person bekannt: „Prima, die Unterlagen sind vorbereitet worden und liegen jeweils vor Ihnen.“ oder „Schön, die Küchenzeile ist gesäubert und aufgeräumt worden.“ Das Fatale bei einer solchen Satzbildung ist das Unpersönliche, das Jemand hat etwas getan. Wer diese wünschenswerten oder erforderlichen Aufgaben bearbeitet und damit erledigt hat, bleibt ungesehen und wird somit auch in seinem Tun übersehen. Wären Sie die Person, die für diese Erledigungen Ihre Zeit eingesetzt hat, fühlten Sie sich dafür gewürdigt?

Solche Passivsätze sind sowohl in zwischenmenschlichen privaten Beziehungen als auch im beruflichen Bereich oft gebräuchlich mit für die jeweilige Atmosphäre abträglichen Folgen. Viele Menschen gebrauchen sie unbewusst. Sie haben sie z.B. im familiären Umfeld gelernt und setzen sie unbedacht ein. Jedoch entfalten der häufige Gebrauch von Passivsätzen auch bei der diese einsetzenden Person ihre Wirkungen, z.B. nach einem Frühjahrsputz wird die selbst geleistete Arbeit rückblickend bedacht: „Die Treppe zum Garten ist jetzt sauber. Der Flur und alle Fenster sind geputzt. Die Matratzen im Schlafzimmer sind ausgelüftet. Das Wohnzimmer ist gesaugt und die Bücher im Regal sind abgestaubt. ... .“ Hat sich die diese Sätze aussprechende Person für ihre Arbeit selbst gelobt? Was denken Sie? Oder ´gewährt´ dieser Mensch sich selbst eine Anerkennung für die eingesetzte Lebenszeit?

Überlegen Sie eine Umformulierung des obigen Passivsatzes in einen Aktivsatz und spüren Sie dessen Wirkung für sich selbst nach.

Einen im Vorgangspassiv formulierten Satz erkennen Sie an der Verwendung des Verbs „werden“. Wobei im inhaltlichen Zusammenhang kein Futur gemeint ist. Hier ein Beispiel in einer Aufgabenbeschreibung eines Arbeitsplatzes im Büro: „Der Ausgang der Post wird im Postbuch festgehalten." oder „Die Schreiben mit dem Vermerk dringend werden priorisiert erledigt." oder „Vor Abteilungsbesprechungen wird allen Mitarbeiterinnen und Mitarbeitern die Tagesordnung zugeleitet." oder „Anrufe werden freundlich entgegengenommen und ggf. an die sachbearbeitende Person weitergeleitet."

Bei einem Satz im Vorgangspassiv ist zwar klar, dass jemand die jeweilige Arbeit getan hat, jedoch wird im Alltagsbetrieb die jeweilige Arbeit als selbstverständlich erachtet: Schließlich steht es ja so z.B. in der Arbeitsplatzbeschreibung. Auch hier ist das „Jemand" bzw. die Person, die die jeweilige Arbeit tut nicht im Blick. Es fehlt am Gesehenwerden und der Anerkennung. Mithin begünstigt dies einen „Dienst nach Vorschrift" mit der Folge, dass z.B. eine positive Einstellung zu den Zielen der Firma erst gar nicht aufkommt: Gearbeitet wird z.B. nur wegen des Lohns (vgl. von Scheuerl-Defersdorf, LINGVA ETERNA).

Versuchen Sie die Passivsätze im obigen Abschnitt in Aktivsätze umzuformulieren. Wie wirken diese jetzt auf Sie? Lösungen finden Sie im Anhang.

4.2 Hörerorientierung oder „Der ´Köder´ muss dem Fisch schmecken!"

Für das eigene Vorbereiten auf ein Gespräch oder einen Vortrag sollte der Blick besonders auf das Verstehen des Gesagten durch die Zuhörer gerichtet werden. Führen Sie dies regelmäßig durch, so werden Sie feststellen, dass Ihnen eine solche Ausrichtung mehr und mehr gelingt und schließlich zur Routine wird. Um ein Verstehen zu ermöglichen finden in einer zuhörenden Person spezifische Prozesse im Gehirn statt. Polz hat dazu eine Gliederung in Phasen vorgenommen, die als Reflexionsgrundlage hilfreich ist:

1. „**Das Dekodieren:** Sprache wird wahrgenommen, akustisch analysiert und in eine abstrakte Repräsentation überführt;
2. **das Segmentieren**: die Äußerungen werden in sprachliche Einheiten gegliedert, zugleich werden suprasegmentale Merkmale verarbeitet;
3. **das Erkennen:** Wörter werden durch Aktivierung und Zugriff auf lexikalische Information erkannt (bei mehrdeutigen Wörtern auf die zutreffende Bedeutungsvariante) und es kommt zur Äußerungsinterpretation (über syntaktische Analyse und thematische Verarbeitung);
4. **Integrieren:** die Äußerungsinterpretation wird in das Gesprächsgeschehen und den Erfahrungshintergrund des Hörers integriert." (Polz)

Anknüpfend an Punkt 4 ist eine wichtige Ergänzung erforderlich: Das bewusste Verwenden passender Adjektive belebt nicht nur das Vorgetragene sondern erleichtert stark das Merken desselben.

5. **Adjektive:** Zur Aussage bzw. deren Inhalt, ggf. zur Person und Situation passende Adjektive sind wichtige Sprachelemente in einem Satz. Sie erzeugen in zuhörenden Personen inhaltsbezogene, individuelle Assoziationen bzw. innere Bilder. Dadurch wird zum einen der Inhalt einer Aussage präziser vorstellbar, zum andern reichern sie jeweilige Informationen an, sodass diese besser aufgenommen bzw. gemerkt werden können. Das menschliche Denken findet maßgeblich mittels Begriffen und zugehörigen inneren Bildern statt.

Ziel jeder bedeutsamen Äußerung sollte es sein, der zuhörenden Person durch meine klare Artikulation das Empfangen meiner Botschaft zu erleichtern. Ein Verständnis meiner Botschaft verbessere ich durch z.B. meine bildhafte Sprache und die klare Struktur meiner Aussagen. Dies aktiviert sowohl das Vorwissen als auch inhaltlich passende Assoziationen und damit ein begreifendes Zuhören. Setze ich zudem durch z.B. rhetorische (u.a. Wechsel der Stimmlage, langsames Sprechen) und/oder bildliche Elemente (Ansprechen eines weiteren Sinnesorgans) bei wichtigen Aussagen deutliche Schwerpunkte, so geht das begreifende Zuhören bei jeder zuhörenden Person eher in ein konstruierendes Zuhören über (vgl. Spiegel). Das bedeutet, die jeweiligen Gehirne aller mir Zuhörenden bauen die von mir vorgetragenen Informationen in individueller Weise aufgrund der Zumessung von Bedeutung in ihr Gedächtnis ein.

4.2.1 Rhetorische Sprachelemente

In Gesprächen findet oft ein Meinungsaustausch, ein sachbezogenes Besprechen oder Überzeugen sowie ein seine Interessen vertreten statt. Rhetorik zielt auf eine wirkungsorientierte Sprache. Im beruflichen Bereich gilt es meist seine eigenen Vorstellungen bzw. Erkenntnisse sowie verschiedene Ideen bzw. Gedanken sowohl auszutauschen als auch gezielt eine Absprache bzw. Einigung auf z.B. eine Vorgehensweise zu erzielen. Solche Gespräche weisen i.d.R. ein klassisches Gesprächsmuster bei jeweils allen Beteiligten auf: „These ⇨ Begründung ⇨ Belege bzw. Beispiele ⇨ Schlussfolgerungen (vgl. Burger). Ein solches argumentatives ´Muster´ ist vor allem dann angebraucht, wenn es um komplexere sachliche Zusammenhänge geht. Es sollen ja möglichst alle Eventualitäten eingeschlossen und bedacht werden. Hierbei gilt, dass Ihre Argumentation fair bzw. respektvoll sein sollte. Das bedeutet: Strittiges wird geklärt (Warum vertritt wer welche Ansichten?), Ansichten oder Standpunkte werden ausgetauscht bzw. gegeneinander abgewogen (Auffassungen und Ansichten werden respektiert.) und so ernsten Konflikten vorgebeugt. Jede Art von ´Killerphrasen´ sollten Sie vermeiden, da sie sich sehr negativ auf die Gesprächsbeziehung auswirken. Hilfreich ist für Sie, solche klassischen ´Killerphrasen´ zu kennen, um darauf passend reagieren zu können. Beispiele für ´Killerphrasen´ sind:

- „Sie erklären ja sowieso nicht ... !", „Wir machen ja andauernd ... !", „Das klappt nie ... !", „Das haben wir so immer gemacht ... !", „Das kennt doch jeder ... !", „Dazu hat hat doch eh keiner Lust ... !", „Das interessiert doch sowieso niemand ... !", „Das versteh ich sowieso nicht ... !", „Das hat keinen Sinn ... !" „So geht das bei mir einfach nicht ... !" usw..

Bringt Ihnen gegenüber eine andere Person solche ´Killerphrasen´ vor, so sollte Ihr Gesprächsbeitrag damit beginnen, diese als solche zu benennen, um dann in konstruktiver, beziehungsoffener Weise Ihre Argumente darzulegen.

Ein weiteres rhetorisches Mittel habe ich Ihnen schon beim ´lauten Denken´ vorgestellt. Es ist die rhetorische Frage, die zum indirekten Lenken eines Gesprächs dient. Mit jeder Frage lenken Sie die Aufmerksamkeit der Zuhörenden und können dadurch Mitdenken und Interessen wecken: „Wer fragt führt" das Gespräch. Wie Sie oben im „Vier-Ohren-Modell" erfahren haben, findet die menschliche Kommunikation wesentlich immer unter Einschluss der Beziehungsebene statt.

Wollen Sie einer anderen Person oder deren mehrere bestimmte Informationen über- oder vermitteln, dann sind vorstellungsfördernde Maßnahmen oder Materialien angesagt. Ein hilfreiches rhetorisches Element zu Beginn eines Gesprächs oder eines Vortrags ist das Modell der advance organizer (Ausubel).

⇨ **Exkurs; advance organizer:** Sie können sich das methodische ´Element´ als eine Art Orientierungshilfe bzw. eine mentale ´Karte´ vorstellen. Ein advance organizer benennt (sprachlich) und/oder zeigt (bildlich, z.B. mind-map, concept-map) in kurzer, verständlicher und übersichtlicher Weise die von Ihnen angedachte Struktur der wesentlichen Informationen Ihres Gesprächsbeitrags oder Vortrags (Ziel- und Verfahrenstransparenz). Zu Concept-Map siehe Anhang!

Ein advance organizer ermöglicht es Zuhörenden sich im Vorblick ´holzschnittartig´ mit wesentlichen Begriffen, Zusammenhängen und ggf. Fragen vertraut zu machen. Auf dieser ´mentalen´ Karte bauen Sie im nach-

folgenden Gespräch oder Vortrag auf. Mit diesem ´Element´ advance organizer fördern Sie bei den Ihnen Zuhörenden das Anknüpfen an die individuell bereits vorhandenen geistigen Schemata (Vorwissen, Methodenwissen usw.) und damit ein besseres Verständnis.
Advance organizer umfassen z.B. sowohl bildhafte, eine Sache exemplarisch und strukturiert darstellende Medien als auch eine der Zuhörerschaft angepasste Sprache z.B. mit im Erfahrungsfeld höchst wahrscheinlich vorhandenen Analogien. Ein Beispiel dazu nannte Plutarch (griech. Historiker) als er ´Lernen´ beschrieb: „Der Geist ist kein Schiff, das man beladen kann, sondern ein Feuer, das man entfachen muss!“ (vgl. Mechsner).
Die dadurch ermöglichten ´inneren Bilder´ in Form von ´bekannten Mustern´ (geistige Schemata) begünstigen im Gespräch oder Vortrag ein gedankliches, vorstellungsmäßiges Folgen der Zuhörenden.
Weist Ihr Gesprächsanteil zudem noch eine klare Struktur sowohl im Inhaltlichen als auch im methodischen Aufbau auf, dann haben Sie i.d.R. die volle Aufmerksamkeit der Zuhörenden.

⇨ **Exkurs; Arbeitsweise unseres Gehirns:** In obigem Zusammenhang ist ein ´Ausflug´ in die Neurobiologie angebracht. Dieser eröffnet Ihnen genauere Einblicke in das mentale Netzwerk des menschlichen Gehirns und den fürs ´Merken´ entscheidenden Bestandteilen sowie deren Arbeitsweise:

  Das Nervengewebe des Hyppocampus und an dessen Ende die Amygdala (Mandelkern) sind maßgeblich an unserem Handeln und Lernvermögen (Gedächtnis, Emotionen, Überlebensinstinkte) beteiligt. Sie sind ein Teil des limbischen Systems im Gehirn. „Der Hippocampus ist auch daran beteiligt, Fakten als neu oder bekannt zu bewerten. Er sorgt dafür, so Spitzer, dass wir nur das lernen, was interessant ist.“ Einzelfakten attraktiv zu präsentieren oder in Form eines Rätsels finden zu lassen, sei deshalb gewiss ein guter Ratschlag fürs Lernen. "Geschichten und Zusammenhänge treiben uns um, nicht Fakten", meint der Psychiater. Sprich: Geschichtszahlen zu büffeln oder die Knochen des menschlichen Skeletts auswendig zu lernen, ist höchst ineffektiv und oft verlorene Zeit. Fakten sollten in einem Kontext stehen, der den Schüler bewegt und interessiert. Dann werden sie vielleicht über den Prüfungstermin hinaus behalten.

  Experimentell arbeitende Psychologen unterscheiden die allgemeine Wachheit und die selektive Aufmerksamkeit. Wie sich herausgestellt hat, beruhen beide Arten auf weitgehend getrennten neurobiologischen Mechanismen. Wach oder weniger wach zu sein, bedeutet einen aktiven oder weniger aktiven Zustand der gesamten Hirnrinde. Wenn wir uns dagegen gezielt auf etwas konzentrieren, dann sind im Kortex genau jene Areale besonders rege, die mit der speziellen Aufgabe wie dem Lesen eines Buches befasst sind. Der US-Hirnforscher Michael Posner von der University of Oregon vergleicht die selektive Aufmerksamkeit mit dem Lichtkegel eines Scheinwerfers: Wir können uns immer nur auf einen ausgewählten Ausschnitt der Welt oder unserer geistigen Vorgänge konzentrieren." (Mechsner)

Die Aufmerksamkeit der Ihnen zuhörenden Menschen wächst bzw. wird voll auf Sie fokussiert, wenn Sie einen Sachverhalt z.B. in eine passende Geschichte (Storytelling) ´einpacken´ oder von Ihren Erfahrungen im Zusammenhang mit dem Thema berichten (sprachliche Bildimpulse). Sie ´führen Ihr Thema vor Augen´, wirken dadurch präsenter und stellen eine Beziehung zu den Zuhörenden her: Bewusst oder unbewusst bringen Sie hier auch Gefühle oder Emotionen ein. In den Gehirnen der Angesprochenen entstehen mehrkanalige ´innere Bilder´.

´Innere Bilder´ lassen sich auch mit Hilfe von passenden Metaphern bilden. Nach Burger ist zum Aufbau einer interessanten Metapher ein Dreischritt erforderlich (vgl. Pöhm):

1, „Ausgangssituation oder These;

2. Bildhafter Vergleich;

3. Verbindung Bild - Ausgangssituation/These." (Pöhm)

Dabei kann Punkt zwei und drei z.B. doppelt vorkommen.

Burger nennt dazu ein plastisches Beispiel:

1. „**These:** Mein Körper bleibt leistungsfähig, egal ob ich Fastfood oder naturbelassene vollwertige Nahrungsmittel esse.
2. **Bildhafter Vergleich:** Wenn ich einen Ofen heize, dann heizt dieser mit jedem Holz, egal ob das trockenes Rosenholz oder feuchte Fichte ist.
3. **Verbindung Bild - These:** Und genauso ist das bei der Ernährung. Ich bleibe leistungsfähig, Hauptsache, mein Körper bekommt genügend Kalorien, die er verbrennen kann.

2. **Bildhafter Vergleich These:** Wenn ich in einem Formel 1-Rennwagen Diesel in den Tank schütte, wird er keine Leistung mehr bringen!
3. **Verbindung Bild - These:** Genauso ist das bei der Ernährung: Wenn ich meinem Körper nur Kalorien (z.B. Süßes) und nichts Vollwertiges

zuführe, kann er auch keine Höchstleistungen erbringen.“ (Burger)

Burger weist darauf hin, dass bei zentralen Aussagen bzw. Informationen die Satzbauweise der „Doppelpunktsätze“ die jeweilige Aufmerksamkeit zentriert. Beispiele für „Doppelpunktsätze“ sind z.B.:

- „Hierauf kommt es besonders an: ... !“
- „Die Folgerung ist: ... !“
- „Diese Daten sind wichtig: ... !“
- „Folgende Gedanken sind leitend: ... !“
- „Das Schaubild zeigt die wesentlichen Zusammenhänge: .. !“
- „Diese Punkte sind zentral: ... !“ (vgl. Burger)

Zahlreiche Menschen bereiten sich minutiös auf Gespräche vor. Leider unterläuft ihnen dann im Gespräch selbst ein rhetorisches Missgeschick. Sie flechten in oder nach Sätzen sogenannte Floskeln ein, z.B.:

- „Ich würde sagen ... .“ Wird klarer durch: „Aus den Gründen ..., sage ich ... .“
- „Ich denke, dass ... .“ Alternativ besser: „Nach der besprochenen Sachlage, ist für mich ... klar.“
- „Im Endeffekt wirken ... .“ Klarer ist: „Die vorgebrachten Idee führen meiner Ansicht nach zu ... .“
- „Von daher wäre ... .“ Besser ist: „Ich habe folgende Punkte gehört ... daraus folgere ich ... .“ usw.

Weitere Beispiele für Floskeln sind z.B. : „Im Prinzip ... .“, „Quasi ... .“, „Ich sag jetzt mal ... .“, “..., wenn man so will, dann ... .“, „Wie gesagt ... .“

Tatsache ist, Floskeln vermindern die Verständlichkeit und die Aufmerksamkeit bei Zuhörenden. In Alltagsgesprächen können Floskeln ja durchaus ihren Sinn haben. In einem ersthaften Gespräch wirken sie jedoch deplaziert und lassen bei Zuhörenden oft den Eindruck der Unsicherheit oder ggf. verminderter Fachkompetenz des/der Sprechenden aufkommen.
Statt solcher Floskeln bietet sich meist eine kurze Pause an, um z.B. die eigenen Gedanken nochmals zu ordnen und dann Wesentliches zu benennen/zusammenzufassen.
Hilfreich ist es, wie weiter oben schon benannt, dass Sie z.B. nach dem schriftlichen Ausarbeiten Ihrer Gesprächsanteile, diese in eine verständliche Form umwandeln und sich diese z.B. selbst vortragen. Machen Sie bewusst nach jedem Satz eine kurze Pause, die Sie auch zum Einatmen nutzen. Konzentrieren Sie sich dabei auf Ihre nächste Aussage.

Denken Sie daran, sich selbst eine passende, kurze Pause ´zu gönnen´ ist eine Stärke. Solche Pausensignale sind für Sie Punkte und Kommas. Aus rhetorischer Sicht sind solche Pausen nach einer wichtigen Aussage oder einem bedeutenden Begriff (Schlüsselbegriff) mitten im Satz besonders wirkungsvoll. Rhetorisch geschickt ist es sogar, eine wichtige Aussage betont langsamer oder einen Begriff betonter nochmals auszusprechen. Achten Sie bei Ihrem Selbstvortrag auf Ihre ggf. sich aufdrängenden oder tatsächlichen Füllwörter oder -laute sowie auf Floskeln. Wiederholen Sie ggf. dann diese Aussage oder Argumentation nochmals ´korrekt´ und ggf. geduldig mehrfach:. Auf diese Weise verändern Sie nach und nach Ihre Sprachmuster: Sie werden selbstsicherer und was entscheidend ist auch so wahrgenommen.

4.3 Grundlegendes Konzept für Mitteilungen bzw. Botschaften

Jeder und jede von uns, so auch ich, haben im ´Bad der Muttersprache´ von klein auf und dann in der Schule ein grundlegendes Wissen zur sprachlichen und inhaltlichen Gliederung erworben. Dies umfasst z.B. sowohl die Satzverknüpfungen, die Textgliederung, das grundlegende Handwerkszeug zum Aufbereiten von Texten, der Gegenüberstellung von Sachverhalten und das Herausstellen von Hauptargumenten. H. Rösch hat ein Konzept der Mitteilungsbereiche erstellt. Solche Mitteilungsbereiche sind z.B.:

- **Identifizieren:** Sachverhalte, Dinge ebenso wie Personen sollten so benannt werden, dass genaue Vorstellungen und Unterscheidungen möglich sind.
- **Qualifizieren:** Sachverhalte, Dinge oder Personen sollten eindeutig charakterisiert, bewertet und verglichen werden. Dies kann z.B. durch Steigerungen von Adjektiven oder Relativsätzen geschehen.
- **Quantifizieren:** Um einen Eindruck von einem Sachverhalt, eines Geschehens oder eines Vorgangs zu erhalten, ist das Benennen von Anzahlen erforderlich.
- **Ortsangaben:** Ortsangaben dienen zum einen der geographischen Lokalisierung und zum anderen lässt sich dadurch ggf. die Relevanz einer Gegebenheit für z.B. die Region oder den Ort ableiten, die bzw. der im Gesprächsthema tangiert ist.
- **Zeitangaben:** Mit Zeitangaben werden wichtige Informationen oft erst einordenbar.

- **Begründungen:** Begründungen fußen auf je eigenem Wissen sowie Erfahrungen und werden auf diesem Hintergrund eingebracht. D.h. mit einer Begründung zeigen Sie Ihre persönliche und sachbezogene Sichtweise.
- **Zwecke/Absichten:** Das Nennen von Zweck und Absicht dient der Transparenz meiner Aussage. Zuvor ist zu klären: „Warum ist mir z.B. bei einem bestimmten Sachverhalt was besonders wichtig?“, „Was will ich damit erreichen?“
- **Nachfragen:** Dies ist eine der wichtigsten Fähigkeiten, um Inhalte, Begründungen und Aussagen sowohl besser verstehen als auch passend selbst einordnen zu können. Sie wollen dadurch z.B. Voraussetzungen, Grundlagen, Bedingungen und Abläufe möglichst genau erfahren. Dazu gehören z.B. Abhängigkeiten, Notwendigkeiten, Zwänge, Ge- und Verbote (z.B. gesetzliche Regelungen) oder Anordnungen.
- **Positionieren:** Hierzu gehört die eigene Sichtweise, das Ausdrücken des eigenen Wollens, der eigenen Wünsche sowie Hoffnungen (vgl. Rösch).

Wo immer möglich sollten entsprechende Teile davon in ein Gespräch einfließen. Dadurch wird es sowohl informativer als auch interessanter.

4.4 Verständliche Sprache ⇨ verständliche Sätze

Ein wichtiges Ziel der verbalen Sprache ist es, sich mit anderen Menschen verständigen zu können. Hierzu ist ein Anpassen sowohl in der Wortwahl als auch im Satzbau an die diese Information hörende Person erforderlich. Dieses Anpassen erfolgt auch mit Blick auf das jeweils spezifische Vorwissen sowie die Rolle meines Gegenüber. Auch werden Fachbegriffe oder Fremdwörter so weit als möglich vermieden. Sind Fachbegriffe unvermeidlich, so werden sie im nachfolgenden Satz erklärt. Eine verständliche Sprache verwendet oft bildhafte Sprachelemente, damit sich Zuhörende mental das Gesagte vorstellen können.

Oft wird unter einer verständlichen Sprache der klar definierte Begriff „leichte Sprache“ vermutet. „Leichte Sprache“ ist jedoch klar definiert in Bezug zu Teilhabe geistig beeinträchtigter Menschen. Eine verständliche Sprache ist eher einzuordnen in das Kontinuum von ´einfacher Sprache´ zu „gehobener Standardsprache“.

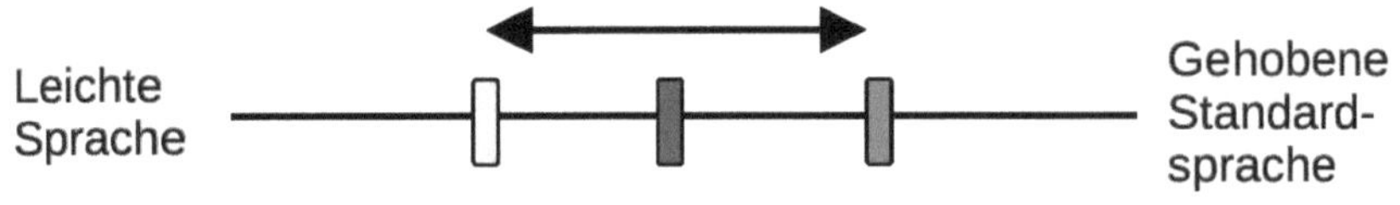

Dies bedeutet z.B. für

- die **Wortwahl:** Vermeiden von zusammengesetzten Wörtern, Fremdwörtern und wenig geläufigen Fachbegriffen.
- den **Satzbau**: Kurze Sätze, vollständige Sätze und vorwiegend Hauptsätze. Wichtige Informationen gehören in den Hauptsatz. Zu vermeiden sind eingeschobene Nebensätze in Form von Aufzählungen. Nebensätze folgen einem Hauptsatz.
- die **Sprachmelodie:** Sprechen Sie betont in angemessener Lautstärke und eher etwas langsamer. Lassen Sie am Ende eines Aussagesatzes Ihre Stimme sinken und nur bei einer Frage ansteigen. Machen Sie nach jedem Satz eine kurze Pause.
- **Gesprächsstruktur** bei einem thematischen Gespräch: Geben Sie z.B. zu Beginn Ihres Gesprächsanteils einen kurzen Überblick über das, was Sie ansprechen wollen (Struktur). Beginnen und gestalten Sie dann entsprechend Ihren Beitrag.
- **Blickkontakt:** Blicken Sie vor Ihrem Beitrag die von Ihnen angesprochene Person kurz an. Auch während Ihres Beitrags sollten Sie zu Ihrem Informationsfluss passend die Ihnen zuhörende Person immer wieder mal ansehen. Sie signalisieren damit sowohl Aufmerksamkeit als auch Ihr Empfinden der Bedeutsamkeit der jetzt folgenden Botschaft. Zugleich dient dieses Anblicken auch dazu, die Körpersignale der Ihnen zuhörenden Person wahrzunehmen.

Beispiel für eine thematische Botschaft bzw. Information:

„**Klimawandel stört Heringe**
Der Klimawandel stört neuen Forschungen zufolge Heringslarven bei der Entwicklung und führt so zum Rückgang der Heringsbestände in der westlichen Ostsee. Wegen des schrumpfenden Bestandes seien die Fangquoten seit 2017 um 94 % gesenkt worden. Für ihre Forschungen beobachteten die Wissenschaftler seit fast 30 Jahren Heringe beim Laichen im Greifswalder Bodden und Stralsund.
Wegen der höheren Temperaturen schlüpfen die Larven zu früh, um mit ihrem Dottersack zu überleben und verhungern. Eine Erholung der Bestände sei möglich, wenn die Fangmengen niedrig bleiben.“ (aus ARD1-Text; 01.02.2021)

Nachfolgend eine kurze Analyse bzw. Idee für betontes, verständliches Sprechen:

Im ersten Satz sollte bei einem Gespräch oder einem Vortrag nach “... der Entwicklung“ eine kurze Pause auch zum Atmen erfolgen. Nach „... Ostsee“ sinkt die Stimme. Es folgt eine kurze Pause (Atmen).
Im zweiten Satz hebt sich die Stimme leicht nach “... Bestandes“ mit ganz kurzer Atempause. Dann sinkt die Stimme wieder nach “... worden“.
Im dritten Satz erfolgt eine kurze Pause nach “... Laichen“. Nach “... Stralsund“ senkt sich die Stimme.

- ⇨ Anmerkung: Kurz vor dieser Stelle würde in einer Nachrichtensendung ein Kartenausschnitt oder eine Karte Norddeutschlands mit den markierten Gebieten eingeblendet.

Im vierten Satz gibt das Komma die kurze Pause vor usw.. Dies trifft auch beim fünften Satz zu: Pause nach “... möglich“ und Stimme senken nach “... bleiben“.

Die vier nachfolgenden Beispiele für Nachrichten in verständlicher Sprache bieten sich für Sie als Sprechübungen an. Orientieren Sie sich dabei bitte in Sprachmelodie und Sprechtempo von Nachrichtensprecherinnen oder -sprechern.

„Bergleute in China gerettet
Vor wenigen Wochen hat es in China in einer Gold-Mine eine Explosion gegeben. Dabei wurden 22 Bergarbeiter verschüttet. Das bedeutet: Sie waren unter der Erde eingeschlossen. Einige von ihnen starben, andere konnten gerettet werden. Die Bergleute wurden unter der Erde durch kleine Schächte mit Essen und Medikamenten versorgt. Rettungsmannschaften haben 11 von ihnen lebend aus der Grube geholt. Mindestens 10 andere sind bei einer zweiten Explosion gestorben. Nach einem Mann wurde zuletzt noch gesucht.
In China gibt es immer wieder solche Unfälle und Explosionen in Bergwerken. Die Sicherheitsregeln dort sind nicht sehr gut. Im Dezember waren durch einen solchen Unfall 23 Menschen gestorben.“ (aus ARD1-Text, 01.02.2021)

„3000 Jahre alte Stoffreste entdeckt
Israelische Forscher haben Stoffreste mit einem purpurfarbenen Farbstoff aus der Zeit der biblischen Herrscher David und Salomon gefunden. Die Forscher waren überrascht: Sie fanden Reste von gewebtem Stoff und eine Quaste und Fasern von Wolle, die mit königlichem Purpur gefärbt waren. Diese purpurne Farbe war zur damaligen Zeit wertvoller als Gold.

Nur sehr wohlhabende Menschen konnten sich die damit gefärbten Stoffe oder Dinge leisten. Dies teilten die Altertümerbehörde und die Universitäten von Tel Aviv und Barilan mit.
Die Textilien seien im Süden Israels im Timnatal gefunden worden. Es handele sich um die ersten Funde von purpurfarbenen Stoffresten aus der Eisenzeit in der gesamten Levante-Region." (nach ARD1-Text)

„Schnee und Eis in Deutschland
In vielen Regionen in Deutschland hat es stark geschneit. An manchen Orten fielen mehr als 30 Zentimeter Schnee. Es gab auch Glatteis. Das sorgte für Chaos auf vielen Straßen. Besonders betroffen sind der Norden und die Mitte in Deutschland. Bei der Deutschen Bahn wurden viele Verbindungen gestrichen, weil Züge nicht fahren konnten. Auf den Auto-Bahnen gab es kilometerlange Staus, zum Beispiel in den Bundesländern Nordrhein-Westfalen, Hessen, Thüringen und Niedersachsen.
Teilweise waren Autobahnabschnitte gesperrt, weil Lastwagen im Schnee steckenblieben. Viele Autofahrer mussten die ganze Nacht bei eisiger Kälte in ihren Autos sitzen. In vielen Städten konnten auch Busse und Straßenbahnen nicht fahren. Die Deutsche Post konnte Pakete nicht zustellen." (nach ARD1-Text)

„Mehr Umwelt-Schutz

Die Bundesregierung plant neue Gesetze für die Landwirtschaft. Das Ziel ist mehr Schutz für die Umwelt, zum Beispiel damit weniger Insekten sterben. Bauern müssen sich deshalb bald an strengere Regeln halten. In dem geplanten Gesetz steht: Bauern sollen weniger Pflanzenschutzmittel benutzen. Das sind Gifte gegen Insekten oder gegen Unkraut. Die Bauern benutzen die Gifte, um ihre Ernte zu schützen. Dadurch können sie dann zum Beispiel mehr Getreide oder Gemüse ernten.
Die Gifte schaden aber der Natur. In den neuen Regeln steht deshalb zum Beispiel: In der Nähe von Flüssen oder Seen dürfen Bauern kein Gift sprühen. (nach ARD1-Text)

Anhang - Gesprächskonzepte z.B. im pädagogischen Bereich

Kooperative Gesprächsführung (Redlich)

Gesprächsphasen	Hinweise zum Vorgehen
Einladung	1. Klärung der Sichtweise der verschiedenen Betrofffenen - Überblick über die Probleme der Betroffenen - Auswahl der wichtigsten Probleme aus Sicht der verschiedenen Akteure - Beschreibung der Situation und Problembedingungen der Akteure 2. Klärung der Sichtweise weiterer Interaktions-partnern der Betroffenen - Befragung der Sichtweise von Interaktionspartnern durch die Akteure oder die gesprächsführende Person 3. Gemeinsame Problemdefinition - Gemeinsamkeiten, Ergänzungen, Widersprüche klären, zusammenfassen - Gemeinsame, von allen Gesprächspartnern akzeptierte Sichtweise des Problems herstellen
Planung	4. Zielbestimmung - Mit allen Betroffenen konkrete Ziele formulieren und klären - Sicherstellen, dass sie von allen Betroffenen akzeptiert sind - Beiträge zur Problemlösung klären: Wer tut was zu Problemlösung? 5. Veränderungsplanung - Sammlung methodischer Hilfen zur Erreichung der Ziele - Auswahl und Formulierung konkreter Schritte - Gemeinsame Abstimmung über den Plan - Absprache: Welche Hilfen erleichtern die Problem-lösung? 6. Zeitplanung - Planung einer Probephase - Ablaufplanung einzelne Schritte, - Absprache des Zeitplans mit allen Beteiligten
Veränderung	7. Probephase - Einführung der Maßnahmen, evtl. Korrekturen 8. Trainings- und Stabilisierungsphase - Regelmäßiger Einsatz der methodischen Hilfen 9. Abschlussbewertung - Befragung aller Betroffenen zum Veränderungs-prozess - gemeinsame Bewertung des Problemlöseprozesses

Lösungsorientierte Gesprächsführung (Widulle)

Gesprächsphasen	Hinweise und Selbstinstruktion
Einstieg	- Begrüßung - Würdigung Hier-sein - Vorstellung Teilnehmer - Arbeitsweise erklären, Stichwortprotokoll - Ziel des Gesprächs
Aktuelle Situation	- Blick auf Ressourcen - Problem kurz ansprechen - Informationen geben - Betroffenensicht klären/explorieren
Auftrag und Ziele	- Perspektiven erweitern - Lohnendes Ziel erarbeiten
Weg zur Lösung	- Nächsten Schritt erarbeiten - Erfolgsindikatoren klären - Vereinbarung treffen
Unterbrechung	- Überlegungen anstellen zum Schlusskommentar, Kompliment, Einladung, Hausaufgaben o.ä.
Abschluss	- Wertschätzung - Kompliment - Einladung zum ... - Experimentieren - Stichwortprotokoll vorlesen - Verabschiedung

Motivierende Gesprächsführung (Widulle)

	Gesprächsphasen	**Hinweise zum Vorgehen**
Einstieg	**Kontakt und Rahmen klären**	- Zeitrahmen klären - Eigene Rolle klären - Ziele und Themen ansprechen
Veränderung aufbauen	**Anliegen / Problem explorieren**	- Offene Fragen stellen - Aktiv zuhören - Klienten bestätigen - zusammenfassen
Motivation zur	**Veränderndes Gespräch initiieren**	- Nachteile Status quo erarbeiten - Vorteile einer Veränderung erarbeiten - Veränderungszuversicht stärken - Veränderungsabsicht eruieren u. stärken durch • offene Fragen • Dringlichkeitsskala • Explorieren Entscheidungswaage • Themen entwickeln • Extreme Szenarien erwägen • Zurückblicken • In die Zukunft blicken • Bedeutsame Werte eruieren
stärken	**Einleitung zur Selbstverpflichtung**	- Zusammenfassung Teil 1 - Schlüsselfragen - nächster Schritt / was wirst du tun? - ev. Informationen und Ratschläge geben
für Veränderungen	**Veränderungsplan besprechen, aushandeln und vereinbaren**	- Ziele explorieren - Veränderungsoptionen erwägen - einen Plan erstellen
tung	**Selbstverpflichtung anregen und notieren (Vertrag)**	- Selbstverpflichtung verbalisieren - ev. Bündnispartner der Selbstverpflichtung durch Veröffentlichung gewinnen

Selbstverpflich-tung		- Möglichkeiten sozialer Unterstützung eruieren
Abschluss	**Gespräch abschließen**	- Ergebnisse zusammenfassen - Selbstverantwortung und Autonomie nochmals zusprechen - Nächstes Gespräch vereinbaren - Verabschieden

Zielklärungsgespräch (Widulle)

Gesprächsphasen	Hinweise zum Vorgehen
Einstieg	- Begrüßung - Zeitrahmen klären - Bezug zum Erstgespräch oder vorangegangenen Gesprächen - Zusammenfassen Stand des Prozesses
Zukunftsbilder und Ziele entfalten bzw. eröffnen	- Kreative und imaginative Verfahren (Brainstorming, Wunderfrage, Phantasiereise) - Offene Fragen und Vertiefung - Aktiv zuhören und erweitern in Richtung Zukunft - Bezüge schaffen zur Problemsituation - zusammenfassen
Zukunftsbilder und Ziele benennen und bewerten	- Ziele präzisieren - Ziele nach Akteuren differenzieren (Begründen, für wen bedeutsam) - Konkretisierend nachfragen - Ziele fokussieren, eingrenzen, ausscheiden - Formulierungshilfen, Stellungnahmen - zusammenfassen
Ziele formulieren und präzisieren	- Weiter konkretisieren - Fragen und Formulierungshilfen - ev. schriftliche Formulierungen
Zum engagierten Dranbleiben ermutigen	- Selbstverpflichtung schaffen - Zuversicht stärken - zur Planung der Vorgehensweise überleiten - Erste Schritte einleiten
Gespräch abschließen	- Zusammenfassen Ergebnisse - Beschreiben nächster Schritte - Würdigung des Erreichten - Verabschiedung

Gespräche nach verbindlicher Einladung (Zwangskontext) (Widulle)

Gesprächsphasen	Hinweise zum Vorgehen
Einstieg	- Klärung Rahmen, Zeit - Klärung (amtliche) Rollen und beteiligte Akteure - Kontext, Vorgeschichte und Anlass des Gesprächs - Grund für die Intervention deutlich machen
Schaffen einer gemeinsamen Problemdefinition	- Situation aus Sicht der verschiedenen Akteure beschreiben - Rollen und Perspektiven trennen (Detriangulierung) - Sichtweise der Betroffenen /Akteure eruieren - Perspektive Institutionen Sozialer Kontrolle klären - Gemeinsame Problemdefinition herstellen
Auftrags- und Zielklärung	- Anliegen der Betroffenen / Akteure explorieren - Mit notwendigen Veränderungen konfrontieren - Behördliche Auflagen mitteilen - Ziele konkretisieren - Nur realistische Hoffnungen auf Aufhebung Zwangsmaßnahmen machen
(Vorgesehene) Aktivitäten klären und konkretisieren	- Aktivitäten beschreiben - Zuständigkeiten und Verantwortlichkeit klären - Plan und Vorgehen konkretisieren
Vereinbarungen treffen	- Indikatoren klären oder setzen, wann Ziele erreicht oder Auflagen erfüllt sind - Vereinbarung verschriftlichen
Abschluss	- Gesprächsergebnisse zusammenfassen - Ausblick: Nächste Schritte beschreiben - Zuständigkeiten / Aufgaben nochmals nennen

Beratungsgespräch (Widulle)

Gesprächsphasen	Hinweise zum Vorgehen
Kontakt aufnehmen und Situation klären	Begrüßen, Rapport, Rahmen, Infos, Arbeitsbündnis - Begrüßung - Person „abholen", in Kontakt kommen - „Rahmen" des Gesprächs - Anlass - Personen/Rollen vorstellen, ev. Infos geben - Arbeitsbündnis für die Sitzung - Unsicherheit und Befürchtungen reduzieren Klima von Akzeptanz/Sicherheit schaffen
Thema benennen oder finden	Themen erfragen, setzen, aushandeln - Themen der Klienten erfragen - eigene oder gesetzte Themen benennen - Themen aushandeln nach Bedeutsamkeit - Themenverschiebung benennen
IST-Zustand benennen und erforschen	Explorieren, Fokussieren, Vertiefung - In die Arbeit am Thema einsteigen - Selbstexploration: Zuhören, fragen - Fokussieren: auf wichtige Anliegen konzentrieren, selektiv zuhören, zusammenfassen - Thema „tiefen": Sachinfo, neue Sichtweisen, Erleben des Beraters, Konfrontation mit blinden Flecken, Entwicklung von Zuversicht
Ziele entwickeln	Zukunftsbilder, Zielbildung, Zielwahl - Sollzustand entwickeln: Zukunftsbilder schaffen - Ziele konkretisieren und formulieren
Umsetzung besprechen und planen	Handlungsstrategie, Plan, Umsetzung - vielfältige Handlungsstrategien sammeln - Lösungswege auswählen und Qualität kontrollieren - Plan zur Umsetzung entwickeln - konkrete erste Schritte zur Umsetzung vereinbaren
Zusammenfassen	Einordnen, Vereinbarungen, Aufgaben - Die Einordnung von Erkenntnissen in die Wirklichkeit des Klienten sichern und bestärken (Feedback, Deutung, Unterstützung) - Ergebnisse sichern und zusammenfassen - Vereinbarungen treffen und Aufgaben geben
Abschluss des Gesprächs	Ballast, Blitzlicht, Abschied - Ballast loswerden ermöglichen - Befinden abrufen und Schlusskontakt aufnehmen - Abschied

Anhang - allgemeine Anregungen

Konfliktbehaftete Kommunikation bzw. Interaktion

Beispiel zum Nachdenken:
Sie bereiten eine Lernsequenz oder Aktivität gemäß dem Bildungsplan (Schule) für ihre Lerngruppe vor. Sie beziehen alle verfügbaren und realisierbaren didaktischen und methodischen Möglichkeiten ein (didaktische und methodische Analyse). Auch bedenken Sie die sozialen Gegebenheiten der Lerngruppe. Diese antizipierend wählen Sie bestmöglich Art und Niveau von Inhalten und dem Aufbau: Sie gestalten eine ansprechende, interessante und klar strukturierte Sequenz sogar mit differenzierenden Elementen. Sie stellen ihr Intentionen und die tollen Möglichkeiten, die diese Sequenz bietet in Form von advance organizer zu Anfang der Lerngruppe vor. Auch die Relevanz für die kommende Prüfung fügen Sie noch kurz an. - Sie schauen in viele lustlose Gesichter. Ein Jugendlicher bemerkt noch, dass er heute dazu keinen ´Bock´ habe, er sei müde! -
Die institutionellen Normen sind gegeben: Bildungsplan und Prüfungsniveau. Ihre Normen sind auch klar: Inhaltlich stimmige, interessante und ansprechende Lernsequenz für die spezifische Lerngruppe. - ´Wer´ hat das Problem bzw. ´wer´ ist verantwortlich?

Gehen wir ins reale Leben. Dort finden Sie ein vergleichbares Problem im Bereich des Profifußballs: Der jeweilige Trainer bekommt das Problem angelastet, wenn die Mannschaft öfter verliert. Er muss gehen. - Einige Zeit später wird derselbe Trainer bei einem anderen Bundesligaverein als hoch kompetent vor- und eingestellt! - ´Wer´ hat hier im eigentlichen Sinne das Problem?

Welche Erfahrungen haben Sie in solchen Kontexten mit Ich-Botschaften z.B. „Diese Unruhe stört mich, ich kann so nicht arbeiten!“ oder „Ich empfinde diese Unruhe als störend für unser gemeinsames Arbeiten!“

Lösung zu den Passivsätzen

a) Statt Zustandspassiv: „Die Treppe zum Garten ist jetzt sauber. Der Flur und alle Fenster sind geputzt. Die Matratzen im Schlafzimmer sind ausgelüftet. Das Wohnzimmer ist gesaugt und die Bücher im Regal sind abgestaubt. ... ."
Umformuliert in Aktivsätze z.B.: „Die Treppe zum Garten habe ich jetzt gesäubert. Auch habe ich den Flur und alle Fenster geputzt. Die Matratzen im Schlafzimmer habe ich ausgelüftet. Heute ist es mir auch noch gelungen das Wohnzimmer zu saugen und die Bücher im Regal abzustauben.

b) Statt Vorgangspassiv: „Der Ausgang der Post wird im Postbuch festgehalten." oder „Die Schreiben mit dem Vermerk dringend werden priorisiert erledigt." oder „Vor Abteilungsbesprechungen wird allen Mitarbeiterinnen und Mitarbeitern die Tagesordnung zugeleitet." oder „Anrufe werden freundlich entgegengenommen und ggf. an die sachbearbeitende Person weitergeleitet."
Umformuliert in Aktivsätze z.B.: „Halten Sie bei einem Ausgang mit der Post diesen im Postbuch fest." oder „Bei Schreiben mit dem Vermerk dringend priorisieren Sie diese." oder „Leiten Sie allen Mitarbeiterinnen und Mitarbeitern vor einer Abteilungsbesprechung die Tagesordnung zu." oder „Nehmen Sie Anrufe freundliche entgegen und leiten sie diese ggf. an die sachbearbeitende Person weiter."

Arbeiten mit „Concept-Maps"

Die Vorbereitung auf ein wichtiges Gespräch, eine Sitzung oder Konferenz sowie einen Vortrag unterstützt die Arbeitsmethode „Concept-Map". Eine „Concept-Map" orientiert sich an thematischen Leitfragen. Sie ist die graphische Darstellung von Begriffen und Zusammenhängen. Das Ausarbeiten eines Themas mit Hilfe einer „Concept-Map" hat folgende Vorteile:

- Sie erkennen visuelle Symbole und begreifen Zusammenhänge rasch.
- Eine Concept-Map ist themenbezogen flexibel erstellbar.
- Der minimale Einsatz von Wort und Text dient der Überschaubarkeit. Sie überblicken schnell Begriffe und Zusammenhänge.
- Die visuelle Darstellungsform erlaubt ein ganzheitlicheres Verständnis.

„Concept-Maps" dienen der Organisation und Abbildung von Wissens- und Verstehensstrukturen. Begriffe werden dabei in Vier- oder Mehreckenfiguren und deren Beziehungen untereinander mit Pfeilen dargestellt. Diese Pfeile sind beschriftet, um die Beziehungen der Begriffe untereinander zu verdeutlichen. Die Beschriftung ist kurz und prägnant. Eine gelungene Concept-Map weist eine hierarchische Struktur auf.
Das Erstellen einer Concept-Map erfolgt in verschiedenen Phasen:

- **Brainstorming:** Hierfür benötigt man das eigene (Vor-)Wissen, Notizen, Fachbücher, das Internet oder andere Quellen. Es geht darum, wichtige Fakten, Namen, Begriffe, Ideen zu einem Thema oder einer Fragestellung zu sammeln. Die Begriffe werden einzeln auf kleinen Kärtchen, Post-Its® oder ähnlichem gesammelt. Hilfreich ist der Einsatz eines Computer-Programms. Ziel ist die größtmögliche Anzahl von Begriffen zu generieren.
- **Organisation:** Jetzt wird das Gesammelte in eine grobe Struktur gebracht. Zweckdienlich ist das Bilden von Gruppen und Untergruppen verwandter Begriffe, eine hierarchische Struktur bietet sich an. Beim Verschaffen dieses groben Überblicks kommen ergänzend ggf. noch Begriffe hinzu, die während des Brainstormings übersehen wurden. Auch werden Doppelnennungen oder Synonyme deutlich, die entfernt oder zusammengefasst werden. Wenn manche Begriffe zu mehreren Gruppen passen könnten ist das nicht tragisch. Diese Begriffe werden in der Verbindungsphase wichtig.
- **Aufbauskizze:** Falls nicht mit einem Computer-Programm gearbeitet wurde sondern mit Kärtchen, wird nun ein großes Blatt Papier, Plakat, Pinnwand oder ähnliches benötigt. Nun gilt es, die Gruppen und Untergruppen anzuordnen. Hierbei wird hierarchisch vorgegangen. Die

wichtigeren Begriffe sind mittig und oben anzuordnen. Das wird soweit fortgeführt, bis die weniger wichtigen Begriffe oder Detailwissen am Rande und unten liegen. Auch sollte darauf geachtet werden, dass ähnliche Konzepte und die Begriffe der Untergruppen nah beieinander liegen, was die Verbindung der Begriffe später übersichtlicher macht.

- **Verbindungen:** Nun werden die Begriffe mit Pfeilen miteinander verbunden. Diese Verbindungspfeile sollten mit Wörtern oder Kurzsätzen versehen werden. Das dient der Spezifizierung der Beziehungen der Begriffe untereinander. Begriffe, die in mehrere Kategorien oder Gruppen passen, verdeutlichen hier, dass nicht nur Begriffe untereinander verbunden sein können, sondern auch ganze Gruppen.
- **Fertigstellung:** In jeder Phase ist das Umordnen, Neustrukturieren, Ergänzen oder Entfernen von Begriffen oder Verbindungen möglich. Sind keine größeren Änderungen mehr zu vollziehen und die eigentliche „Concept-Map" erstellt ist, folgt die Phase der Fertigstellung. Vor der Feinarbeit erfolgt die Kontrolle: „Sind alle Pfeile und Beschriftungen korrekt?", „Fehlen noch wichtige Begriffe?", „Ist der Aufbau logisch und nachvollziehbar?", „Kann ich die Concept-Map ordentlicher gestalten?".
- **Aufbereitung:** In der jetzt folgenden Feinarbeitsphase geht es um das passende graphische Darstellen des Themas. Mittel dazu sind: Einsatz von Farben, Rahmen, Kästchen, die Form der Pfeile, Buchstabengröße, ergänzende Bilder, Diagramme und ähnliches.

Beispiel einer einfachen „Concept-Map":

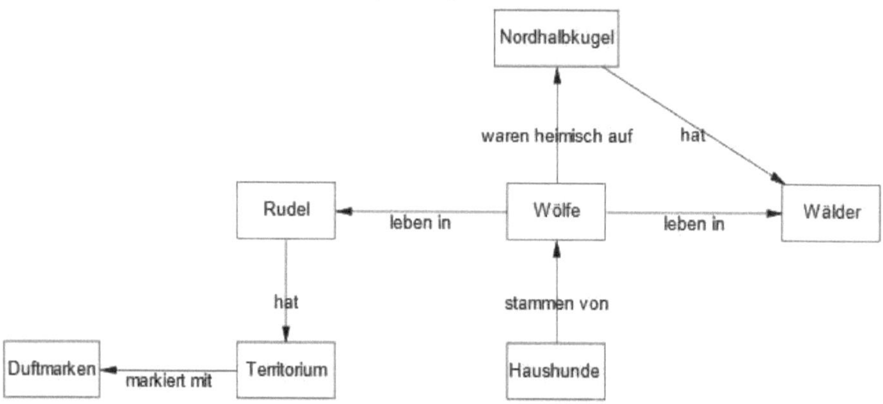

Literaturverzeichnis

K. Brinker/S.F. Sager; Linguistische Gesprächsanalyse, Berlin 2010[5].
M. Budde; Über Sprache reflektieren; Fernstudieneinheit 2; Kassel 2012.
T. Burger; Rhetorik für Lehrkräfte; UTB, Bad Heilbrunn 2018.
R. Cohn; Zu wissen, dass wir zählen; Bern 1990.
dies.: Von der Psychoanalyse zur themenzentrierten Interaktion; Stuttgart 2018[19].
G. Doherty-Sneddon; Was will das Kind mir sagen? Die Körpersprache des Kindes verstehen lernen; Bern 2005.
D. Eggert/C. Reichenbach/S. Bode; Das Selbstkonzept-Inventar (SKI) für Kinder im Vorschul- und Grundschulalter, Dortmund 2003.
W. Eichler / J. Pankau, Mimmunikation, PortalLingua, Osnabrück o.J.. 02.2021: http://www.germanistik-kommprojekt.uni-oldenburg.de/sites/0/0_1.html
N. Fuisz-Szammer, H. Samong, Die Bedeutung des nonverbalen Ausdrucks für den Spracherwerb, Wissenschaftliche Texte, München 2011.
G. Gerhold; Das Kommunikationsmodell der Transaktionsanalyse; Paderborn 2005.
T. Gordon; Die Neue Familienkonferenz; München 1994.
E. T. Hall; Die Sprache des Raumes; Düsseldorf 1976.
J. Hesse/ Schrader; https://www.berufsstrategie.de/bewerbung-karriere-soft-skills/kommunikationsmodelle-eisberg-modell.php (aufgerufen: 12.02.2021); Berlin 2021.
A.J. Hintz; Erfolgreiche Mitarbeiterführung durch soziale Kompetenz: Wiesbaden 2011.
K. de Jong; Führen und Leiten in dynamischer Balance; Wiesbaden 2017.
ders.: Beziehungskompetenz Bd. 1; Wiesbaden 2019.
ders.: Lernstrategien; Wiesbaden 2020.
ders.: Beraten und Coachen systemorientierte Ansätze im pädagogischen Kontext; Wiesbaden 2020.
C. Kacem, Gestenverhalten an deutschen und tunesischen Schulen, Berlin 2011.
D. Kiening, Ausgewählte Aspekte der sprachlichen Mutter-Kind-Interaktion bei 2-jährigen Kindern mit spätem Sprechbeginn, München 2011.
W. Kranich, Suprasegmenttale Eigenschaften gesprochener Sprache unter besonderer Berücksichtigung emotionaler Ausdrucksqualitäten, Jena 2002.
H. Lindemann, Systemisch-lösungsorientierte Gesprächsführung, Göttingen 2018.
E. Mechsner; Lernen: Wie das Wissen in den Kopf kommt; GEO 10, S. 160-190; https://www.geo.de/magazine/geo-magazin/13366-rtkl-wie-das-wissen-den-kopf-kommt#259203-der-scheinwerfer-der-aufmerksamkeit (15.02.2021)
J. Mai, Karrierebibel 02.2021: https://karrierebibel.de/nonverbale-kommunikation.
A. Mehrabian, Morton Wiener: Decoding of Inconsistent Communications. In: Journal of Personality and Social Psychology. 6, (1967), Nr. 1, S. 109–114, in: https://de.wikipedia.org/wiki/Albert_Mehrabian.

M. Pabst-Weinschenk; Sprechwissenschaft und Sprecherziehung; Was bietet die Doppelpack-Disziplin mit der antiken Tradition für den Deutschunterricht? In: Saxalber, Annemarie/Witschel, Elfriede (Hrsg.); Informationen zur Deutschdidaktik (ide). Heft 4/2009 Sprechen. Mündlichkeit im Unterricht, S. 20-32.
M. Polz; Methodenübersicht; in: Becker-Mrotzek, Michael (Hrsg.); Mündliche Kommunikation und Gesprächsdidaktik; (Ulrich, Winfried (Hrsg.); Deutschunterricht in Theorie und Praxis; Handbuch zur Didaktik der deutschen Sprache und Literatur in elf Bänden, Band 3, Baltmannsweiler 2009, S. 223-250.
K. Quilling; Themenzentrierte Interaktion; Wissensbausteine; www.die-bonn.de (10.02.2021).
H. Rösch; Deutsch als Zweitsprache; Sprachförderung in der Sek I; Braunschweig 2005.
B. Schmid, Wo ist der Wind, wenn er nicht weht?, Professionalität & Transaktionsanalyse aus systemischer Sicht, Wiesloch 1994.
O. Schober; Das Nonverbale im Klassenzimmer, Sein Stellenwert in der Ausbildung von DeutschlehrerInnen; in: Saxalber, Annemarie/Witschel, Elfriede (Hrsg.). Informationen zur Deutschdidaktik (ide); Heft 4/2009; Sprechen; Mündlichkeit im Unterricht, S. 41-51.
C. Schröder / G. Schröder-Siefker; Imlementierung einer Balanced Scorecard in Non-Profit-Organisationen; Osnabrück 2006.
F. Schulz von Thun, Miteinander reden Bd. 1, Reinbek 1981.
M.R. Scheurl-Defersdorf von (Hrsg.), Jedes Wort wirkt, Erlangen 2016.
K. Segler; Unsere Worte formen unser Leben; natürlich gesund und munter · 3 | 2019.
C. Spiegel; Zuhören im Gespräch; in: Krelle, Michael/Spiegel, Carmen (Hrsg.) Sprechen und Kommunizieren. Entwicklungsperspektiven, Diagnosemöglichkeiten und Lernszenarien in Deutschunterricht und Deutschdidaktik; Hohengehren 2009; S. 189-203.
Stangl, W.; Klientenzentrierte Therapie: Carl Ransom Rogers. [werner stangl]sarbeitsblätter;2018;
www: http://arbeitsblaetter.stangl-taller.at/PSYCHOTHERAPIE/ Klientenzentrierte-Therapie-Rogers.shtml (05-02-2021).
E. Stock, Deutsche Intonation, Berlin 1996.
T. Stockert von, Meine Sprache und ich, Erlangen 2016.
I. Stuard / V. Joines; Die Transaktionsanalyse; Freiburg 2007.
C.R. Rogers; Entwicklung der Persönlichkeit, Stuttgart 2018[49].
P. Watzlawick; u.a., Menschliche Kommunikation. Formen, Störungen, Paradoxien. 10. Aufl. Bern 2000.
H.P. White, H. B.; How to construct a concept map; Department of Chemistry and Biochemistry, University of Delaware; Online verfügbar unter http://www.udel.edu/chem/white/teaching/ConceptMap.html (15.02.2021)
W. Widulle; Gesprächsführung in der Sozialen Arbeit; Luzern 2020.

Weitere Bücher des Autors

Zielpersonen des Buches sind:

- Sie haben bereits Führungserfahrungen in einer Organisation mit einem Bildungs- und Erziehungs- oder Betreuungsauftrag und Sie wollen Ihre Erfahrungen auf fundierten Aussagen reflektieren, verändern oder ausbauen.
- Sie sind neu in einer Führungsfunktion und wollen wichtige Handlungsfelder im Führungs- und Leitungsbereich durchdenken, Ideen und Ansätze sammeln und sicher gestalten.

Sie streben eine Führungsfunktion an und wollen wichtige Führungs- und Leitungsaufgaben kennenlernen bzw. sich auf diese vorbereiten? Dann eröffnet Ihnen das Buch eine breite Sicht auf wichtige Themenfeldern des Führens und Leitens einer im Bildungs-, Erziehungs- oder Betreuungsbereich angesiedelten sozialen Organisation, sei dies eine Schule, ein Hort oder ein Kindergarten sowie eine ähnliche Einrichtung. Sie erhalten für Ihr Führungs- und Leitunghandeln gründliche, kurze Informationen mit praxisbezogenen Ansätzen, zahlreiche konkrete Anregungen und in den beigefügten Anlagen praktische Handreichungen zu den im Buch angesprochenen Themen.

Das Buch ist aus der Praxis für die Praxis geschrieben und will Sie in Ihrer Leitungsfunktion unterstützen. Sie leiten eine im Bildungs-, Erziehungs- oder Betreuungsbereich tätige Organisation oder eine Abteilung darin mit weitgehend selbstverantwortlich arbeitenden und qualifiziert ausgebildeten Mitarbeitenden z.B. eine Schule, ein Heim für Kinder/Jugendliche, einen Kindergarten oder Hort. Sie erfahren sowohl für Sie selbst wie für konkrete Leitungsaufgaben theoretisch fundierte, praktische Anregungen und konkrete Instrumente, wie Sie Ihre Leitungsweise verbessern und Abläufe passend optimieren können. Zugleich steigern Sie durch die vorgestellten strukturellen Maßnahmen / Methoden sicht- und erfahrbar für Ihre Mitarbeitenden Ihre Leitungskompetenz, z.B. in Felder wie: Konferenzen, Besprechungen, Beratungen leiten; Gespräche mit Erziehungsberechtigten oder Verhandlungen mit z.B. dem Träger führen; Fördern von Mitarbeitenden durch Coaching; Beurteilungen von Mitarbeitenden verfassen, usw.

ISBN 9789463676557

Das Buch stellt Ansätze für das Gestalten aktiver, erfahrungsbezogener und eher gehirngerechter Lernprozesse mit zahlreichen konkreten Anregungen vor. Damit will es sowohl Studierende eines Lehramtes, Referendare als auch junge und jungge- bliebene Lehrkräfte ansprechen und über eine effiziente Vorbereitung zum Anregen aktiver, nachhaltiger Lehr- und Lernprozesse ermuntern. - Die Texte des Buches stellen zahlreiche Themen vor, die gehirngerechte Lernprozesse ermöglichen können. Sie erfahren, was beim Lernen im Gehirn geschieht. Die Kapitel sprechen u.A. an: Lerncoaching, Kompetenzen entwickeln, selbstgesteuertes, erfahrungsbezogenes Lernen,
Sichern von Lernergebnissen, handlungsorientiertes, problemorientiertes, individualisiertes, projektartiges, spielerisches und methodisches Lernen, Lernen mit digitalen Medien, Lernen und Aufmerksamkeit, Lernprozesse strategisch vorbereiten.

ISBN: 9789463671521

Im Buch erfahren Sie sowohl wichtige Grundlagen, als auch beispielhaft konkrete Handlungsansätze zum Aufbau und Gewinnen von persönlicher innerer Stärke. Achtsamsein bewirkt mittels gezielter, bewusst praktizierter Verfahrensweisen sowohl erhöhte Konzentrationsfähigkeit, als auch ein tiefes Entspannen. Sie bekommen Anregungen, die Ihnen ein sowohl inneres, mentales, als auch körperlich muskuläres Entspannen bzw. ´zur Ruhe kommen´ ermöglichen, bei gleichzeitig nachhaltigem Stärken der mentalen wie physischen Vitalität. Entscheidend ist das entsprechende ´Dranbleiben´. Dies bedeutet, dass Sie schon nach kurzer Zeit mit den entsprechenden Übungen aktuell anstehende Herausforderungen gelassener annehmen und mit innerer Stärke stimmiger bearbeiten können. DazuvermeidenSie aus eigenem Achtsam-sein, sich noch mehr als erforderlich aufzuladen im Sinne von ´so viel als nötig und so wenig wie möglich´.

ISBN: 9463867384

n der pädagogischen Arbeit mit Kindern und Jugendlichen ist ein grundlegendes gegenseitiges Vertrauen von entscheidender Bedeutung. Ohne eine tragfähige oder belastbare pädagogische Beziehung sind weder Erziehungs- noch Bildungs-prozesse gestaltbar. Nun lebt jedoch jeder Mensch in seiner eigenen, von ihm konstruierten Wirklichkeit. Diese Konstruktionen beruhen auf Reizen unserer Sinnesorgane, die an unser Gehirn weitergeleitet werden. Das Gehirn als autopoietisches System bewertet und interpretiert dies; denn es hat sonst keinen direkten Zugang zur wirklichen Realität. Mein Gehirn speichert gewonnene Interpretationen als meine Erfahrungsinhalte zusammen mit jeweiligen Emotionen im Langzeitgedächtnis ab. Diese Erfahrungen werden bei Interaktionen mit anderen Menschen abgerufen, mit dem aktuell für mich erkennbaren Handeln sowie den situativen Kontexten verglichen und wirken dann handlungssteuernd. In diesem ersten Band stelle ich Ihnen Grundlagen und kurze, beispielhafte Ansätze vor, die für gelingende, nachhaltige pädagogische Beziehungen erforderlich sind.

ISBN: 9463867392

Der Aufbau vertrauensvoller und tragfähiger pädagogischer Beziehungen zu allen Beteiligten in Ihren Gruppen stellt die Voraussetzung dafür dar, dass die jeweiligen Kinder in der Lage und bereit sind, zusammen mit Ihnen zu Lernen und zu Arbeiten. Es gilt, eine zumindest zeitweise erreichbare dynamische Balance zu erreichen, um bei Mitwirken der Kinder das fachliche und soziale Lernen und Arbeiten in ansprechender Weise zu gestalten. Wichtige Gesichtspunkte dabei sind professionelle Nähe und Distanz sowie umfassende fachliche und didaktisch-methodische Kenntnisse und Erfahrungen, sowie eine grundlegend wohlwollende Haltung gegenüber Kindern. In diesem Band stehen die Fragen der Klassenführung mit ihren Facetten im Mittelpunkt. Auch gehe ich auf die Bedeutung von Regeln und Ritualen sowie das Umgehen mit Lernschwierigkeiten ein. Besonders bedeutsam ist die Fähigkeit in kritischen Situationen handlungsfähig zu bleiben, was in einem Teilkapitel angesprochen wird. Alle aufgegriffenen Themen beinhalten zahlreiche Anregungen, Hinweise, Beispiele und Ansätze für das Handeln in jeweiligen Kontexten.

ISBN: 9789463980944

Lernen – Was ist das? Im Buch erfahren Sie die große Bedeutung von Lernstrategien. Das Verfügen über Lernstrategien ist eine eminent wichtige Fähigkeit, um effizienter und nachhaltiger Lernen zu können. Auch die Bedeutung von Lern- und Arbeitstechniken und deren Bezüge zu Lernstrategien sind Thema im Buch. Hierzu gehört auch das Wissen um die Funktionsweisen des menschlichen Gehirns beim Lernen, insbesondere des Arbeits- und des Langzeitgedächtnisses. Das individuelle Anwenden von Lernstrategien und die dazu einsetzbaren Primär- und Stützstrategien sowie das Aufbauen und Einsetzen von Metastrategien werden Ihnen im Buch genau erläutert. Ebenso erfahren Sie, welche Bedeutung die Lernumgebung hat und wie Sie diese selbst optimieren können. Für Sie wichtig ist, dass Sie Lernstrategien selbst lernen und trainieren können. So können Sie auch komplexe Aufgabenstellungen mit passenden Lern- und Problemlöseprozessen erfolgreich bearbeiten. Hierzu erhalten Sie Informationen zum besseren Lese- und Textverständnis und wie Sie ihre eigenen Lernkonzepte entwickeln können. Im Buch erhalten Sie genaue Informationen, wie Sie schon beim Lernen Erinnerungsspuren legen, um das Gelernte später sicherer und leichter wieder abrufen zu können. Sie finden im Buch fachpraktische Anregungen zu Lernstrategien, Lernkonzepten, Strategien zum Sprache lernen sowie zum selbstregulierten Lernen.

ISBN: 9789463987554

In den einzelnen Kapiteln des Buches erhalten Sie zum einen Einblicke in systemisch-konstruktivistische Grundlagen von Beratungs- und Coachingprozessen, so zum Beispiel zu Systemischem Denken und Systemischen Interventionen. Zum andern finden Sie dazu in den jeweiligen Kapiteln konkrete Anregungen und Beispiele zur Struktur, dem Aufbau, der Prozessgestaltung und mögliche Abläufe. Dem Umgang mit komplexen Situationen und der Prozessgestaltung ist ein umfangreiches, praxisorientiertes Kapitel ebenso gewidmet wie der Pädagogischen Kurzberatung, den Lernstandsgesprächen und dem Lerncoaching. Im Buch wird auch das wichtige Thema der je eigenen Psychohygiene beispielhaft am Modell der professionellen Selbstreflexion dargestellt. Das Kapitel Methoden bei Beratung und Coaching rundet das Buch kurz und prägnant sowie theoretisch fundiert mit zahlreichen, praxisorientierten Anregungen und Beispielen ab.